DVAINSEDEMDESET DNI ZA SOVRAŽNIKOVIMI LINIJAMI 1945

BILL PETTY

Prevedla Katja Pignatari

Avtorske pravice © 1990. John William Petty.
Prevod © 2025. Katja Pignatari.
Vse pravice pridržane.
ISBN: 978-0-9996344-5-5

Posvečeno moji ženi Geraldine, ki je vsak trenutek te izkušnje preživela z mano. Nikoli ni obupala in nikoli ni nehala moliti, da bi se vrnil. Prav tako mojim otrokom in vnukom, ker so vztrajali, da svoje izkušnje »za sovražnikovimi linijami« zapišem v knjigo, ki jo bodo lahko predali svojim potomcem.

OPOMBA PREVAJALKE

Pri prevodu sem se trudila ohraniti avtentičen ton in ritem pripovedi gospoda Pettyja, ki s preprostostjo in toplino opisuje svoja doživetja. Tam, kjer slovenski jezik zahteva drugačno zgradbo stavka ali besedno izbiro, sem skušala ostati čim bližje izvirnemu pomenu, ne da bi izgubila čar njegove pripovedi. Nekatere geografske in zgodovinske pojme sem ohranila v izvirni obliki, kadar je to prispevalo k avtentičnosti besedila.

Vojaške čine sem v nekaterih primerih poenostavila, saj britanski in ameriški čini iz obdobja druge svetovne vojne niso neposredno primerljivi z današnjimi slovenskimi. Zato sem določene častniške nazive prevedla preprosto kot »častnik«, pri čemer sem okrajšave večinoma ohranila v izvirni obliki.

UVOD

Prepogosto beremo kronike ameriške zgodovine o neznanih ljudeh v oddaljenih krajih. In čeprav nas učijo o pomenu bitk in sporazumov, se pogosto ne moremo osebno povezati z moškimi in ženskami, ki so tako pogumno služili naši domovini. *Knjiga Pogrešan v Akciji*, pripoved Billa Pettyja o 72 dneh, ki jih je preživel na sovražnem ozemlju, prekinja ta vzorec, saj s strastjo opisuje svojo odisejo v Jugoslaviji. Petty podrobno opiše tudi iskanje in na koncu ponovno srečanje z žensko, ki je njega in njegovo posadko rešila pred zajetjem ter popeljala na varno.

Med drugo svetovno vojno je prebivalec okrožja Smith, Bill Petty, služil v letalskih silah kot nosni mitraljezec na bombniku B-24. Občudujem njegov pogum in spretnost. Naša država potrebuje več takšnih ljudi, kot je Bill Petty – ljudi, ki z odločnostjo in pogumom služijo domovini ter svoje izkušnje predajajo naslednjim generacijam. Ljubitelji ameriške zgodovine in prebivalci Tennesseeja vseh starosti dolgujemo Billu Pettyju globoko hvaležnost za knjigo *Pogrešan v Akciji*.

Albert Gore ml.
Senator Združenih držav Amerike
Zvezna država Tennessee

PREDGOVOR

V čast mi je napisati uvodne besede k junaški sagi Billa Pettyja o dogodku, ki se je zgodil med drugo svetovno vojno. Billova zgodba in tisoče podobnih, večinoma nikoli povedanih pripovedi o junaških dejanjih in osebni odločnosti so med tistimi vidiki, zaradi katerih je bilo vojno letalstvo med drugo svetovno vojno tako mogočna sila in so postavili temelje bogati tradiciji ameriškega letalstva v prihodnjih letih.

Danes mnogi Američani ne poznajo odpora proti silam osi, ki so ga vodili domoljubni moški in ženske v državah, okupiranih s strani Nemcev, Italijanov in Japoncev. Veliko je bilo napisanega – in to povsem upravičeno – o francoskih borcih odpora in filipinskih gverilcih, na primer. Mnogo manj je bilo napisanega in tudi znanega o jugoslovanskem odporu – sprva o kraljevsko usmerjenih borcih, četnikih pod vodstvom generala Mihailovića, in o partizanskih silah, ki jih je vodil komunist Tito; notranji boj med obema je na koncu dobil Tito. Brez pomoči teh odporniških borcev Bill Petty in mnogi drugi zavezniški letalci ne bi bili vrnjeni pod nadzor naših sil. Vsem tistim partizanom, gverilcem in borcem odpora, ki so se borili za sovražnimi linijami, mnogokrat z upanjem kot edino svetilko, dolgujemo veliko hvaležnost.

Od leta 1970 do 1976 sem bil direktor Muzeja letalskih sil ZDA na letalski bazi Wright-Patterson v Ohiu. Naša naloga je bila obiskovalcem predstaviti zgodbo Letalskih sil Združenih držav Amerike in njihovih predhodnih organizacij. To je ena tistih zgodb, na katero so lahko ponosni vsi Američani. Zgodba Billa Pettyja, predstavljena v tej knjigi, je pomemben del širše zgodovine Letalskih sil ZDA. Vsi smo mu hvaležni, da jo je zapisal za prihodnje rodove.

Bernie S. Bass, *polkovnik Letalskih sil ZDA (v pokoju)*

ZAHVALE

Posebna zahvala tudi...

Bernieju S. Bassu za napisan predgovor k tej knjigi. Polkovnik Bass je bil med drugo svetovno vojno ugleden pilot lovskega bombnika P-40 in P-47.

Janku Kranjcu (Štajsu) in Bogomilu Hvali, prvima partizanoma, s katerima smo navezali stik. Ona sta nas popeljala na pot, ki nas je 72 dni pozneje pripeljala do svobode.

Darku Ohojaku, ki je rešil našega kopilota Trebusaka, in mitraljezca Sgt. Baumgardnerja, ter njegovemu sinu Davorju za pomoč in podporo.

Vsem ljudem, ki so pomagali meni in drugim članom posadke, sestreljenim za sovražnimi linijami.

Senatorju Albertu Goru ml. za njegovo prijazno podporo.

Ediju Šelhausu, ker mi je dovolil uporabiti fotografije iz svoje knjige *Fotoreporter* in ker je organiziral popoln dan obiska z našimi pomočniki leta 1976.

Družini Faletič, ki me je skupaj z dvema drugima članoma posadke skrivala pet dni in noči, medtem ko so nas Nemci iskali po hribih. Gospa Faletič je bila stara 88 let, ko sem leta 1969 ponovno obiskal njen dom. Umrla je v starosti 95 let.

Andreju Pagonu Ogarevu, novinarju, ki je skupaj z Edijem Šelhausom, pisateljem in fotografom, poročal o naši vrnitvi v Jugoslavijo leta 1976.

Pogumnim pilotom, ki so pristali za sovražnimi linijami, da bi nas pripeljali na varno.

Jerryju Armstrongu, pilotu, ki je ostal v padajočem bombniku, dokler nismo vsi člani posadke zapustili letala.

Mojemu nebeškemu Očetu, ki je uslišal molitve moje žene, prijateljev in družine. Moji ženi, ki mi je pisala vsak dan, čeprav je vedela, da za sovražnimi linijami ni bilo pošte.

Sergeant John William Petty, United States Air Force

Ta knjiga ni o pogumu in junaštvu. Sem eden izmed srečnih preživelih. Zapisal sem nekaj dogodkov in nenavadnosti, ki so se zgodili za sovražnimi linijami, tako kot se jih spominjam. Vtisnili so se mi v spomin in jih nikoli ne bom pozabil.

Pravi junaki so bili pogumni možje iz vseh vej vojske, ki so dali svoja življenja za domovino. Njihove žene, otroci, očetje in matere so morali živeti naprej z upanjem, da bodo svoje ljubljene ponovno srečali v onostranstvu. Zahvaljujem se jim in molim zanje, ker so darovali največ, kar so imeli – svoje ljubljene. Žrtvovali so svoja življenja, da bi vi in jaz lahko živeli svobodno v najimenitnejši državi na svetu.

OSNOVNO USPOSABLJANJE

10. novembra 1942 sem zapustil svoj dom v Carthagu v zvezni državi Tennessee in se odpravil v Nashville, oddaljen približno 80 kilometrov, da bi se prostovoljno pridružil vojaškemu letalstvu. Naslednji dan sem zaprisegel in bil dodeljen vojaški letalski bazi v Maconu v Georgiji. Bil sem poročen šele nekaj mesecev in z ženo Geraldine sva menila, da je najbolje, da se prostovoljno javim, namesto da čakam na vpoklic. Ob vpoklicu ni bilo mogoče izbirati veje vojske.

Geraldine je del prvega leta moje službe preživela z mano v sobah pri družini Carter. Ta družina s hčerko Becky je zanjo skrbela, kot bi bila njihova lastna. Kmalu sva pričakovala najinega prvega otroka. Vsi so menili, da je zanjo najbolje, da se vrne domov, kjer bo bližje staršem.

Moje delo kot mehanik je bilo na letalih BT-13A (vadbena letala). Po skoraj enem letu služenja sem se prostovoljno javil za letalca, v upanju, da bom postal pilot v letalskih silah. Prijavil sem se, opravil teste in bil poslan na nadaljnje preizkuse v Miami na Florido.

Moja žena Geraldine in Rebecca Carter Cassidy

2. decembra 1943 se je v našo družino rodila Janice Gaye. Bila je lepa in zdrava dojenčica, za kar smo bili zelo hvaležni. Takrat sem prejel nujen klic Rdečega križa, naj se vrnem domov. Prišel sem domov, da bi videl ženo in novo hčerko. Nato sem se vrnil v Miami, kjer sem nadaljeval izpite in teste za usposabljanje pilotov.

Bill Petty v pilotski kabini vadbenega letala

Eden najtežjih trenutkov moje vojaške službe je bil, ko so mi povedali, da me namesto na usposabljanje za pilota pošiljajo v strelsko šolo za letalskega mitraljezca. Nikoli nisem dobil pojasnila,

Bill Petty in člani posadke

Na dopustu v Georgiji

zakaj so me premestili, le da letalske sile potrebujejo več mitraljezcev kot pilotov.

Po žalostnem božiču v Miamiju so me poslali na usposabljanje za letalske mitraljezce na letalsko bazo Harlingen v Teksasu. Če je bila to moja usoda, sem jo sprejel. Približno devetdeset odstotkov prostovoljcev za usposabljanje za pilote je doživelo enako usodo. Preizkusni center je dovolil nekaterim uslužbencem, da se vrnejo v svojo prejšnjo vejo službe.

Naše strelsko usposabljanje je bilo zelo temeljito. Tri mesece smo se učili vse o 50-kalibrskih mitraljezih, streljanju na premične tarče tako iz zraka kot z morja (Mehiški zaliv) ter na kopnem. Učili smo se streljati z zadnjega dela poltovornjakov s šibrovkami kalibra 12 na premične tarče na strelišču za trap in skeet. Streljali smo na tarče, nameščene na majhnih čolnih v Mehiškem zalivu, in na tarče, ki so jih vlekla letala. Pred zaključkom usposabljanja smo lahko z zavezanimi očmi razstavili in ponovno sestavili mitraljez.

Iz Harlingena v Teksasu so me poslali v Lincoln v Nebraski, zbirno bazo za posadke letalskih sil, na poti pa sem nekaj dni preživel doma. V Lincolnu smo ostali le toliko časa, da so nam dodelili letala.

Bili smo dodeljeni bombniku B-24 Liberator, nato pa odšli v Casper, Wyoming, na končno usposabljanje. Naše letalo je sestavljalo deset moških: pilot, Lt. Gerald S. Armstrong, Maple Heights, Ohio; kopilot, Lt. Frank Trebusak, LaSalle, Illinois; navigator, Lt. William Hockensmith, Lexington, Kentucky; bombardir, Lt. Ballard Cooper, Pocatello, Idaho; inženir, Sgt. Leo J. Lord, Fitchburg, Massachusetts; pomočnik inženirja in nosni mitraljezec, John W. Petty, Carthage, Tennessee; radijski operater, Thaddeus M. Witkowski, Chicago, Illinois; mitraljezec v spodnji kupoli, Clinton K. Mitchell, Enid, Oklahoma; mitraljezec na boku, Jay Wilson, Hyrum, Utah; repni mitraljezec, Duane M. Mascik, Conneaut, Ohio.

Sprednja vrsta: Lt. Gerald Armstrong, pilot; Lt. Frank Trebusak, kopilot; Lt. Bill Hockensmith, navigator; Lt. Ballard Cooper, bombardir. Zadnja vrsta: Sgt. Duane Mascik, repni mitraljezec; Sgt. Frank Mitchell, mitraljezec v spodnji kupoli; Sgt. Leo Lord, inženir; Sgt. Bill Petty, nosni mitraljezec in pomočnik inženirja; Sgt. Ted Witkowski, radijski operater; Sgt. Jay Wilson, mitraljezec.

211th Army Air Force Base Unit (CCTS) (H)
Army Air Field
Casper, Wyoming

This is to Certify, That _____

CORPORAL JOHN W PETTY

has satisfactorily completed the course
of training for combat crews
as prescribed by Headquarters, Second Air Force
and given at
Army Air Field, Casper, Wyoming

Given on this ___TWENTY-NINTH___ day of ___JULY___
in the year of Our Lord, one thousand, nine hundred and forty-four.

Attest:

McLyle G. Zumwalt
Director of Training
McLyle G. Zumwalt
Major, Air Corps

E. M. Hampton
Commanding
E. M. Hampton
Colonel, Air Corps

Potrdilo o usposabljanju

Naša posadka je bila dodeljena letalski bazi v Casperju v Wyomingu. Tam smo se pod vodstvom našega pilota Jerryja Armstronga, krščanskega gospoda in izjemnega pilota, usposabljali kot posadka na bombniku B-24.

Mnoge žene, punce in družinski člani naše posadke so nas prišli na kratko obiskat. To je bila naša zadnja priložnost, da smo bili blizu svojim najdražjim, preden smo odšli v boj.

Geraldine je prišla z Gaye, najino osemmesečno hčerko, ki je bila najin ponos in veselje. To je bil hkrati srečen in žalosten čas. Bili smo skupaj, vendar smo vedeli, da se bomo kmalu ločili. Ko je prišel čas ločitve, je bilo prelitih veliko solz. Nato so nas odpeljali v Camp Kilmer v New Jerseyju, od koder naj bi nas prepeljali na bojišče.

New York smo zapustili 10. avgusta 1944 z ladjo za prevoz vojakov Alexandria. Opazovali smo, kako je Kip svobode izginjal, ko smo pluli po morju. Zapustiti svojo domovino je bil čuden občutek, ki ga prej še nisem doživel. Bili smo del ogromnega konvoja ladij, ki so ga rušilci varovali pred napadi podmornic. Prečkali smo Atlantik in 24. avgusta 1944 pristali v Liverpoolu v Angliji.

Zapustili smo Anglijo in bili dodeljeni 15. letalski sili v Italiji. 4. septembra smo odpluli v Casablanco in 6. septembra nadaljevali

Naša baza v Spinazzoli

pot v Neapelj v Italiji. 8. septembra smo iz poveljstva v Bariju prejeli razporeditev v 460. bombniško skupino, 761. eskadriljo v Spinazzoli. Po nekaj dodatnih vadbenih misijah smo bili napoteni na našo prvo bojno misijo. Moram priznati, da nas je skrbelo, kaj nas čaka, in nekateri izkušeni člani posadk so nam rekli, naj pričakujemo najhujše. Zaradi tega so nam jajca v prahu za zajtrk le stežka šla po grlu. Opravili smo prvo misijo in kmalu dobili lahkotno držo veteranov. V naslednjih štirih mesecih smo opravili skupno sedemnajst misij – datumi, kraji in časi so bili naslednji:

1. 17. september, Budimpešta, Madžarska – naftne rafinerije, čas: 6 ur 45 min.
2. 20. september, Hatvan, Madžarska – železniška postaja, čas: 7 ur. 45 min.
3. 23. september, Casarsa, severna Italija – železniški most, čas: 6 ur 05 min.
4. 24. september, Solun, Grčija – ladje za prevoz vojakov, čas: 5 ur 45 min.
5. 4. oktober, Avisio, Italija – železniški viadukt, čas: 7 ur 20 min.
6. 7. oktober, Dunaj, Avstrija – rezervoarji za shranjevanje nafte, čas: 7 ur 0 min.
7. 10. oktober, Piave, Susegana, severna Italija – most, čas: 6 ur 10 min.
8. 20. oktober, Rosenheim, Avstrija – železniška ranžirna postaja, čas: 7 ur 25 min.
9. 23. oktober, Augsburg, Nemčija – tovarne za proizvodnjo, čas: 8 ur 45 min.
10. 4. november, Linz, Avstrija – rafinerije nafte, čas: 7 ur 45 min.
11. 6. november, Dunaj, Avstrija – oddelek za vojaško opremo, čas: 6 ur 40 min.
12. 7. november, Mezzocorona, Italija – železniški most, čas: 7 ur 0 min.

13. 16. november, Prispolje, Jugoslavija – premiki enot,
    čas: 4 ure 25 min.
14. 18. november, Udine, Italija – letališča,
    čas: 5 ur 40 min.
15. 2. december, Blechhammer, Nemčija – rafinerije nafte,
    čas: 8 ur 20 min.
16. 28. december, Praga, Češkoslovaška – naftno polje Kralupy,
    čas: 8 ur 0 min.
17. 20. januar, Linz, Avstrija – bombardirana alternativna tarča,
    Rosenheim, Avstrija; naše letalo strmoglavi.

Evidenco teh misij smo vodili v dnevniku v majhnem blokcu, kjer smo zapisovali tudi čas letenja, lokacijo, cilje, spremstvo letal, količino protizračne obrambe ter ime letala, s katerim smo leteli. Zapis naših misij se je nadaljeval le do sedemnajste. Zadnja misija je privedla do ene največjih dogodivščin mojega življenja.

Močan protiletalski ogenj nad sovražnim ciljem

Dim, ki se dviga iz bombardiranih ciljev v Gradcu v Avstriji

USODNA MISIJA

20. januarja 1945 je bombnik B-24 Liberator 761. eskadrilje 460. bombniške skupine poletel iz svoje baze v Spinazzoli v Italiji na običajno misijo bombardiranja nemških položajev v Linzu v Avstriji. Na tem bombniku sem bil nosni mitraljezec in pomočnik inženirja. Po šestnajstih misijah nisem pričakoval, da bo ta misija moja zadnja.

Naš bombnik – »Dinah-Might«

    Naši obveščevalni častniki so nas obvestili, da bo Linz dobro utrjen, saj je bil protiletalski ogenj s tal na prejšnjih misijah zelo močan. Ko smo se približevali cilju, je bil pogled iz mojega nosnega položaja skoraj preveč dober. Pozdrav, ki smo ga prejeli, ni bil prijeten. Zdelo se je, kot da so bili vsi pripravljeni na naš prihod. Nebo se je zdelo črno od eksplozij granat v zraku. Protiletalske granate, napolnjene z močnim eksplozivom, so lahko z enim neposrednim zadetkom sestrelile letalo, časovno pa so bile nastavljene, da eksplodirajo na določeni višini. Naše spremstvo so bila lovska letala P-51, ki jih je pilotirala edina temnopolta skupina lovskih pilotov v letalskih silah – 99. lovska eskadrilja. Dobro smo se počutili, ker smo vedeli, da so tam, da nas varujejo pred napadi sovražnih letal.

Bill Petty na položaju nosnega mitraljeza; pod kupolo je naslikan napis z imenom njegove hčerke: Janice Gaye

Ko smo bili tik pred ciljem, se je nekaj zgodilo z vodilnim letalom naše eskadrilje. Zavilo je proč od tarče, sledilo pa mu je vseh sedem preostalih letal. Prejeli smo sporočilo, da moramo bombardirati nadomestno tarčo – Rosenheim v Avstriji. Cilj so bili železniški vagoni, napolnjeni z vojaškim materialom. V zelo kratkem času smo odvrgli bombe na tarčo in se odpravili proti naši bazi. Po začrtani smeri prek Alp naj bi kmalu dosegli Jadransko morje, nato pa leteli proti jugu do naše baze v južni Italiji. Niti slutili nismo, da naše misije ne bomo dokončali.

Ko sem pogledal v desno, sem videl druga letala, ki so že odvrgla bombe in se približevala obali blizu Vidma v Italiji. Čez nekaj minut bi bili že nad Jadranskim morjem in varni pred protiletalskim ognjem. A ni nam bilo usojeno. Eden od naših motorjev se je začel divje zaganjati in nato skoraj ugasnil. Temu so sledili še ostali trije motorji. Prepozno smo ugotovili, da so naši rezervoarji za gorivo skoraj prazni. Začeli smo izgubljati moč; Leo Lord, naš inženir, je hitro začel prečrpavati majhno količino goriva, ki je ostala v pomožnih rezervoarjih. V vsakem krilu je bilo le 150 galonov (prb. 570 litrov) goriva; skoraj vse, razen majhne dragocene količine, pa smo približno eno uro po odhodu iz baze zjutraj že prečrpali v glavne rezervoarje. Ko smo izgubljali višino, sta pilot Jerry Armstrong in kopilot Trebusak hitro obrnila letalo za 180 stopinj; poskušali smo se vrniti v Alpe, preden bi izskočili. Naš obveščevalni častnik nas je obvestil, da naj bi bili v določenih predelih gora prisotni partizani. Upali smo, da bomo rešeni, preden nas ujamejo.

Vzrok za pomanjkanje goriva ostaja skrivnost. Najprej je bilo naše običajno letalo, Dinah-Might, med to misijo prizemljeno zaradi pregleda. Leteli smo z letalom druge posadke, imenovanim Slick-Chick-with-a-Hot-Lick. Naša posadka je vedno dobro opravljala svoje dolžnosti. Nisem prepričan glede stanja letala, ki smo ga tisti dan uporabljali. Morda je porabilo več goriva. Prav tako je možno, da smo med močnim protiletalskim ognjem utrpeli zadetek v rezervoar za gorivo. Vem le, da goriva za let ni bilo dovolj.

Na poti proti goram smo preleteli Videm v Italiji. Bombardir je izskočil sredi močnega protiletalskega ognja, in kot smo kasneje izvedeli, bil zajet. Prepričan sem, da je mislil, da bi letalo lahko vsak trenutek izgubilo nadzor, zato ni čakal na ukaze. Do takrat so ostala letala iz naše eskadrilje že nadaljevala pot domov. Bilo je žalostno občutiti, da so nas zapustili.

Mimo nas je priletel pilot enega od lovskih letal P-51 in nam dal vedeti, da je ostal z nami ter nas varoval pred sovražnimi letali, ki bi nas lahko dokončno sestrelila. Lovski pilot je imel zelo malo goriva v svojih rezervoarjih in se ne bi mogel vrniti na bazo, če ne bi takoj odletel. Ob slovesu je zmajal s krili letala in nam tako sporočil, da nismo »padli« v svojo usodo neopaženi. Bili smo zelo hvaležni pogumnemu pilotu, ki nas ni želel pustiti same. Sedaj smo se morali soočiti s kruto resničnostjo našega položaja. V le nekaj dragocenih minutah bo to letalo strmoglavilo v razgibano gorovje. Zaradi pomanjkanja goriva so se vsi štirje motorji ugašali in znova zaganjali.

Naše letalo je hitro izgubljalo višino, zato je bil izdan ukaz za izskok. Hitro sem se umaknil iz nosne kupole – ni bilo časa, da bi zgrabil fotoaparat, ki je bil shranjen v bližini; v žep sem stlačil svojo čutaro z zmrznjeno vodo in na padalski pas privezal par vojaških čevljev. Kisikova maska je bila še vedno na mojem obrazu, ko sem odklopil cev in interkom.

Moj izhod za izskok so bila majhna vrata, kjer se je uvleklo nosno kolo. Potegnil sem ročico, ki bi morala odpreti vrata, a so se zataknila in se niso premaknila. Nisem izgubljal časa. Splazil sem se pod pilotsko kabino in skočil skozi odprta vrata bombnega prostora. Bil sem hvaležen, da sem varno zapustil letalo, a nato sem se začel prevračati skozi zrak z osupljivo hitrostjo. Takšnega skoka med urjenjem ne doživiš. Vrvice za odpiranje padala nihče ne potegne namesto tebe – prepuščen si samemu sebi. Pomislil sem, da mora obstajati način, da ustavim to vrtenje. Roke sem iztegnil naravnost predse. Padal sem z nogami navzdol, roke pa mi je zaradi sile padanja silovito vleklo navzgor. Postopoma sem spustil roke in zgrabil pas padala. Vedel sem, da sem dovolj dolgo odlašal z odpiranjem. Zagrabil sem vrvico za odpiranje in jo na hitro potegnil. Padalo se je odprlo z močnim sunkom, ki mi je odtrgal čevlje, kisikova maska pa je pristala na vrhu moje glave. Ko sem lebdel v zraku, sem se zahvalil Bogu, da se je moje padalo odprlo.

Pogledal sem levo in videl dve odprti padali, na desni pa sem videl še dva prijatelja, ki sta padala proti zemlji. Ta dva sta bila Leo Lord, inženir, in J. W. Brock, repni mitraljezec. Brock si je ob trdem pristanku zlomil nogo. Pogledal sem navzdol in videl, kako se mi zemlja hitro približuje. Povlekel sem eno od vrvic padala, da bi se izognil velikemu drevesu, vendar je bilo prepozno. Padel sem skozi veje. Drevo je ublažilo moj padec. Na srečo se je moje padalo ujelo visoko v drevo, tako da sem se z nogami komaj dotaknil tal in mehko pristal. Snega je bilo med 60 in 90 centimetrov. Streli iz pušk so bili nevarno blizu. Pogledal sem v sneg, da bi videl, ali krogle padajo blizu mene. Nato sem odpel pas in pustil padalo viseti na drevesu. Vedel sem, da je moral sovražnik ujeti Lea in Brocka, saj sta pristala v majhnem mestu. Bil sem na obrobju naselja, na obeh straneh pa so se dvigale visoke Alpe. Ko sem pogledal na uro, sem videl, da je bila 14.00, sobota, 20. januarja. Hitro sem se moral povzpeti v gore, če sem želel ubežati zajetju. Zdelo se mi je, da se vzpenjam po gori le za meter ali dva naenkrat, včasih pa sem zdrsnil nazaj več, kot sem napredoval. Kmalu sem zaslišal hrup, ki je prihajal iz gore. To sta bila Ted Witkowski, naš radijski operater, in Elmo Justilian, fotograf. Odhajala sta proti naselju, da bi poiskala zatočišče pri duhovniku. Justilian je imel grdo rano na čelu. Z glavo je zadel ob fotografsko loputo, ko je zapustil letalo. Po dolgem prepričevanju se je strinjal z menoj, da nikoli ne bi prišel do duhovnika, ne da bi ga ujeli. Načrt je bil, da gremo v gore in poiščemo nekoga, ki bi nam pomagal ubežati zajetju.

Prvo noč na pobočju gore smo preživeli pod zavetjem iz nekaj hlodov, ki jih je nekdo improvizirano postavil. Eno od padal smo položili podse, z drugim pa se pokrili in se tesno stisnili skupaj, da ne bi zmrznili. V temni
noči smo slišali pokanje ledu in snega, kar je v našem strahu zvenelo, kot da se nam nekdo bliža. Mislil sem, da Nemci natančno vedo, kje se skrivamo. Pred koncem noči bi nas zagotovo prišli iskat. Popolnoma izčrpani od boja z naravo smo v poskusu pobega napredovali le nekaj sto metrov. Tiho sem molil, da bi Bog poskrbel za nas, in tolažilo me je zavedanje, da imam doma ženo, družino in prijatelje, ki molijo za mojo varnost.

Na koncu smo od popolne izčrpanosti zaspali. Jutro je prišlo z enakim pokanjem ledu okoli nas. Spraševal sem se, ali so vsi člani posadke preživeli izskok ali je morda kdo umrl. Ali lahko upamo na vzpostavitev stika z odporniškim gibanjem? Pogledal sem na svoj najlonski zemljevid za pobeg in pomislil, da moramo biti vsaj 1100 kilometrov za sovražnikovimi linijami. Izračunali smo, da moramo biti blizu naselja Caporetto v Italiji, na jugoslovansko-avstrijski meji. Nisem vedel, da smo izskočili skoraj v središču območja z močno jugoslovansko partizansko dejavnostjo. Prav tako nisem vedel, da je bil to razlog, da Nemci niso prišli za menoj in ostalimi letalci, ki so pristali v gorah. Bilo je partizansko ozemlje! V mrazu tistega prvega jutra so moje misli odtavale domov. Moja žena Geraldine bo kmalu prejela obvestilo – trkanje na vrata in telegram z grozljivim sporočilom z vojnega ministrstva: »Z obžalovanjem vas obveščamo, da je vaš mož pogrešan v akciji.« Potem sem pomislil: »Prosim, Bog, ne dovoli, da bi moja hčerka, Janice Gaye, odraščala brez očeta.« Vedel sem, kako težko je bilo moji materi, ko je delala, da bi nahranila ter oblekla mojo starejšo sestro Mable in malega bratranca, ki ga je vzela k sebi, ko je umrla njena sestra. Moj oče je nenadoma umrl pri 29 letih, ko je bila moja mama pet mesecev noseča z menoj. Nisem hotel, da bi moja žena doživela stiske, ki jih je prestala moja mama. Vse te misli ti rojijo po glavi, ko si v težkih okoliščinah.

Slišal sem cerkvene zvonove iz majhnega mesteca pod nami. Zvonjenje se je glasno in jasno razlegalo iz doline spodaj. Bila je

Hči Gaye z očkovo sliko

Cerkev, iz katere sem slišal zvonove

šesta ura zjutraj. Verjetno je bila katoliška cerkev, katere zvonovi so zvonili za mašo. V naši družini je bila navada, da smo ob nedeljah obiskovali veroučne ure in cerkvene maše. V življenju še nisem slišal tako osamljenega zvoka, kot je bilo zvonjenje cerkvenih zvonov, ki so ljudi vabili k bogoslužju. Tam sem spoznal, da obstaja Višja sila, na katero se lahko zanesem - če jo le prosim. Molil sem k Bogu. Pogledal sem na sneg, ki je bil ponekod globok od enega do dveh metrov. Bil sem lačen in grlo me je bolelo od uživanja snega, a sem molil: »Prosim, Gospod, vedno Ti bom izkazoval hvaležnost, če nam boš kakorkoli pomagal pobegniti iz te sovražno okupirane dežele in se vrniti na našo letalsko bazo.« Bog je moral slišati in uslišati mojo molitev.

Obljubili smo si, da bomo še naprej poskušali pobegniti, čeprav sem Justilianu zagotovil, da se bomo vrnili proti naselju, če do vrha gore ne najdemo pomoči – tudi če bi to pomenilo zajetje. Vsi trije smo se izmenjevali v vlogi vodilnega, ki je teptal sneg, lomil veje in čistil pot za ostala dva. Ko je bil vodilni izčrpan, se je umaknil nazaj, na njegovo mesto pa je stopil drugi. Končno smo sredi popoldneva odkrili enoprostorno kočo brez dimnika, izpod napušča pa se je vil dim. Zdelo se nam je, da smo okoli koče opazili stopinje v snegu. Tišina je bila zastrašujoča, a odločili smo se, da je napočil čas, da vzpostavimo stik z nekom – ne glede na to, ali gre za prijatelja ali sovražnika – in si tako zagotovimo hrano in vodo. Ker sem bil jaz na vrsti kot vodilni, sem se previdno približal koči. Nenadoma so se vrata sunkovito odprla in dva moška sta planila ven z močnimi puškami, uperjenimi v nas. Roke smo dvignili visoko v zrak in zakričali:»Americans!« (Američani) Naša domnevna morilca sta se nasmehnila, se spogledala, odložila puški in se nam približala z odprtimi rokami. Bila sta jugoslovanska partizana. Našli smo prijatelja in vsaj začasno varnost.

Naš prvi stik z jugoslovanskimi partizani sta z lastne perspektive opisala oborožena moška, ki sta nas sprejela v svojo gorsko kočo. Približno trideset let po vojni sta Bogomil Hvala in Janko Kranjc dogajanje opisala
Ediju Šelhausu, katerega knjiga predstavlja njuni zgodbi:

Nekega večera januarja 1945 sva po štirih dneh naporne hoje skozi skoraj dva metra snega s tovarišem Jankom Kranjcem prispela na najino bazo popolnoma izčrpana. Imela sva občutek, da sva varna in naju v tako globokem snegu nihče ne more doseči.

Naslednji dan sva med pripravo zajtrka zaslišala zvoke motorjev. Ta zvok je partizane vedno razveselil, saj je pomenil, da so ameriški bombniki na poti in nameravajo bombardirati Hitlerjevo izpostavljeno stran. Na nebu je bilo veliko letal. Uživala sva ob pogledu na te čudovite jate jeklenih ptic.

Bilo je 13.00, ko se je flotilja po opravljeni nalogi ponovno pojavila na povratnem letu. Letala so komaj izginila za obzorjem, ko se je pojavilo še eno letalo, ki je letelo nizko iz smeri Matajurja proti Krnu. Vedela sva, da je z letalom nekaj narobe, kar se je kmalu potrdilo, saj sva jasno videla, kako je letalo strmoglavilo v goro Krn. Obrnila sva se proti nebu in zagledala dve majhni piki, ki sta začeli rasti - spoznala sva, da gre za padali. Dva sta padla nad

Kobaridom, dva nad Matajurjem in še trije daleč pod nama. Najina glavna skrb je bila pomagati zaveznikom v stiski, preden bi padli v roke Nemcev. Za tista, ki sta padla nad Kobaridom, ni bilo upanja na rešitev, saj je bila tam velika nemška postojanka. Najini prvi poskusi iskanja padalcev so bili neuspešni, nadaljnje iskanje pa sva opustila, ker se je bližala noč.

Naslednje jutro naju je čakalo presenečenje. Opazila sva tri postave v nenavadnih uniformah. Bala sva se, da so nemške smučarske enote, ki iščejo letalce. Uperil sem mitraljez vanje in zakričal: »Stoj, kdo ste?« Odgovora ni bilo, zato sem ponovno zakričal: »Roke gor!« Najbližji [jaz] je dvignil roke in zaklical: »American!« Tedaj sem vedel, da ni sovražnik, in sem v odgovor zaklical »Tito!«

Izmenjavi je sledil prizor, ki bi razveselil vsakega filmskega režiserja. Letalec [jaz] je stopil naprej, me objel in poljubil. Premrzle in lačne letalce sva povabila v hlev, kjer sva jim ponudila vse, kar sva imela - le kuhan krompir. Eden od letalcev je bil Poljak [Witkowski], zato smo se lahko v določeni meri sporazumevali.

Rešeni letalci so jedli in se greli v hlevu. Ti krepki možje še niso doživeli razmer, kakršne so v zasneženih slovenskih gorah. Odpravili smo se po snegu, čez gore, do Matajurja v Benečiji. S stisnjenimi zobmi so se letalci junaško prebijali skozi sneg in ovire

Razpravljanje o tistem usodnem dnevu

na poti. Ko smo končno prispeli (ne spomnim se več, ali je bil to Matajur ali Strmica), so prišli domačini, potem ko so izvedeli, da gre za Američane. Vsi so hoteli preveriti, ali so osebe, ki smo jih pripeljali, res Američani. Bili so izjemno navdušeni. Celotna zadeva je bila tvegana, saj bi Nemci lahko vsak trenutek prišli v to gorsko vas, in zgodba bi se končala drugače.

Z Jankom sva se morala vrniti na svoj položaj, kjer sva ponoči vohunila za Nemci v gorah. Poslovili smo se in vsi smo bili hvaležni.

Partizana sta nam pomagala priti na varno skozi zahtevno območje. Zapisal sem njuni imeni in upal, da ju bom nekega dne ponovno videl v srečnejših okoliščinah.

Pripeljala sta nas v majhno naselje, kjer smo jedli italijansko hrano, ki je bila najboljša, kar sem jo imel priložnost jesti v naslednjih dveh mesecih. Veliko ljudi nas je prišlo pogledat, ko smo sedeli za jedilno mizo. Čeprav nismo razumeli jezika, to ni bila ovira. Mnogi ljudje, zlasti starejši, so nam na vse mogoče načine izkazovali sočutje. Želel sem na nek način povrniti njihovo dobroto. Nosil sem poceni prstan iz aluminijeve zlitine in ga podaril gospodinji hiše. Sprejela ga je s pogledom prijaznosti, ki ga nikoli ne bom pozabil. Morda ji bo prstan v prihodnjih letih obudil spomin na tri premražene in lačne letalce, ki jim je pomagala pri pobegu.

Vedeli smo, da so Nemci blizu in nas še vedno iščejo, vendar jim je globok sneg preprečil vzpon na goro. Ko se je bližala noč, so nam naročili, naj vzamemo vse svoje stvari s seboj v klet, kjer so bile krave zaščitene pred zimskimi nočmi, in naj v hiši ne puščamo ničesar. Če bi Nemci prišli in ugotovili, da smo bili tam, bi bila kazen huda, verjetno celo smrt. Spali smo na mrzlih tleh ob stenah, da nas krave ne bi pohodile. Bili smo hvaležni za prenočišče izven hudega vremena. Čakalo nas je veliko noči, ko smo spali le pod borovci in ležali na njihovih vejah. Spali smo tako tesno skupaj, da nas je telesna toplota drug drugega ohranjala pri življenju.

Nek moški nas je zgodaj zjutraj prebudil; morali smo pohiteti in se odpraviti globlje v gore, do doma, ki ga ne bom pozabil. Bila je udobna hiša, v kateri sta bili le gospa, oblečena v črno z ruto na glavi, in deklica, stara približno dvanajst let. Ta gospa, Amalija Faletič, je bila za nas kakor mati - ravnala je z nami, kot bi bili njeni lastni sinovi. Nikoli nisem izvedel, a menil sem, da je bila prijazna in lepa deklica njena vnukinja. Niti gospa Faletič niti deklica se nas nista bali. Podnevi smo ostajali v hiši, medtem ko je nek moški, ne vem kdo, vedno stražil zunaj z močno puško, da bi sovražnika držal stran.

Snega je bilo zelo veliko in še vedno je snežilo. Spomnim se, da sem vzel veliko lopato za koruzo in izkopal pot do hleva. To je bila naša spalnica za naslednjih pet noči. Spet smo spali s kravami. Nismo imeli odeje – naučili smo se spati ogrnjeni z letalsko jakno. Na ta način nam je bilo veliko bolj toplo, kot če bi nosili jakno na sebi. Gospa Faletič je imela mleko in domač sir, poleg tega pa zelo malo drugega, s čimer nas je lahko nahranila. Za to smo bili zelo hvaležni. Ko smo ponoči zapuščali hišo in se podali v hud mraz, je vsakemu dala velik kozarec toplega mleka. Ni mogoče zares opisati, kako zelo je to mleko pogrelo celo telo. Deklica mi je dala majhen listek papirja s svojim imenom. Morda se bom nekoč v mirnejših časih vrnil, da se zahvalim svojim rešiteljem.

Sneg je prenehal padati. Vedel sem, da bomo kmalu morali nadaljevati pot. Nevarnost zajetja je bila še vedno velika. Do nas je prišla novica, da je bil del naše posadke zajet. Preko partizanov, ki so nas obveščali, smo lahko potrdili devet mož. Veliko časa smo mislili, da je pilot Armstrong strmoglavil skupaj z letalom. Armstrong je bil zajet, manjkajoči pa je bil bombardir, ki je letalo zapustil prej in so ga zajeli v drugem mestu.

Dobroto gospe Faletič si bom za vedno zapomnil. Nikoli ni pokazala strahu ali frustracije, le prijaznost in ljubezen. Še vedno jo zelo spoštujem in imam rad, saj vem, kakšno ceno bi plačala, če bi nas našli v njeni hiši. To so bili za nas najnevarnejši dnevi.

Nemci so vedeli, da smo blizu. Če jo je bilo strah, tega z dejanji ni pokazala. Vsaj za nekaj časa nam je dala občutek varnosti. Zavedali smo se, da bo neusmiljen mraz v Alpah terjal svoj davek, ko bomo enkrat odšli – tudi če bi se uspeli izogniti sovražniku.

Pogrešan v akciji

WAR DEPARTMENT
THE ADJUTANT GENERAL'S OFFICE
WASHINGTON 25, D. C.

IN REPLY REFER TO:
AG 201 Petty, John W.
PC-N MT0029

9 February 1945

Mrs. Geraldine T. Petty
Route #2
Carthage, Tennessee

Dear Mrs. Petty:

      This letter is to confirm my recent telegram in which you were regretfully informed that your husband, Staff Sergeant John W. Petty, 14,153,171, Air Corps, has been reported missing in action since 20 January 1945 over Italy.

      I know that added distress is caused by failure to receive more information or details. Therefore, I wish to assure you that at any time additional information is received it will be transmitted to you without delay, and, if in the meantime no additional information is received, I will again communicate with you at the expiration of three months. Also, it is the policy of the Commanding General of the Army Air Forces upon receipt of the "Missing Air Crew Report" to convey to you any details that might be contained in that report.

      The term "missing in action" is used only to indicate that the whereabouts or status of an individual is not immediately known. It is not intended to convey the impression that the case is closed. I wish to emphasize that every effort is exerted continuously to clear up the status of our personnel. Under war conditions this is a difficult task as you must readily realize. Experience has shown that many persons reported missing in action are subsequently reported as prisoners of war, but as this information is furnished by countries with which we are at war, the War Department is helpless to expedite such reports.

      The personal effects of an individual missing overseas are held by his unit for a period of time and are then sent to the Effects Quartermaster, Kansas City, Missouri, for disposition as designated by the soldier.

      Permit me to extend to you my heartfelt sympathy during this period of uncertainty.

Sincerely yours,

J. A. ULIO
Major General
The Adjutant General

1 Inclosure
  Bulletin of Information

Naše družine obveščene

Pogrešan v akciji

```
                    OFFICE OF THE GROUP CHAPLAIN
                    HQ. 460TH BOMB GROUP (H)
                    APO 520 c/o PM NY

                                          8 March 1945
Mrs. Geraldine T. Petty
Route # 2,
Carthage, Tenn.

Dear Mrs. Petty:

       I am in receipt of your letter regarding your husband S/Sgt John
W. Petty, 14153171, who was reported as missing in action on January 20th.

       This mission was over Northern Italy. The plane in which your husband
was flying began to lose altitude on its return from the target and to
straggle from the formation. It was last seen near the coast over the
Austrian-Italian border. No chutes were observed to leave the ship. Up to
the present time we have received no additional information regarding the
fate of this plane and its crew.

       As a Chaplain I realize how anxious and concerned you must feel. I
pray that God will give you comfort and strength to sustain your troubled
mind and heart in this difficult time.

       If at any time you feel that I can be of further aid to you please
do not hesitate to call upon me.

                                  Sincerely,

                                  CLAYTON H. STOWE
                                  Chaplain (Capt.) U.S.A.
```

Več informacij za družine

> I will have to close for now Mrs. Petty. You try to take everything as easy as possible. I know it will be hard, but I believe Bill would want you to. I feel deep down that he is somewheres behind the German lines waiting to come back. Perhaps you have heard from him. If not I hope you recieve word soon. Until then just try to make the best of everything. I'm sure God is taking care of all the boys.
>
> Sincerely,
> Jack

"Somewhere in Italy"
Mar. 5, 1945

Dear Mrs. Petty;

I imagine I should begin this, now, I know I should have written you much sooner, and I've put it off time and time again, and I am still rather reluctant about it because I honestly don't know what to write.

As you already know I can't tell you any thing of what has happened, its against all the rules and regulations and I'd only get myself in a lot of trouble if I tried. Its up to the Headquarters here, and to the War Dept. to tell you, and I'm sure they'll tell you everything, and perhaps more than I can. I am awfully sorry about it, and if there is any way I can help out any at all, I am no[...] let me know. I was talking wi[...]

S/Sgt D. Muscih - 35050988
761 Bomb. Sq. 460 Bomb. Gp.
A.P.O. 520 C/o P.M, N.Y, N.Y.

Pisma prijateljev

DOLG, HLADEN, 72-DNEVNI POHOD SE ZAČNE – OD 20. JANUARJA DO 2. APRILA 1945

Spet se mi je vračala misel:»Hvala Bogu, da smo živi.« Mnoge posadke niso imele priložnosti, da bi zapustile poškodovana letala. Nekatera letala so ob neposrednih zadetkih eksplodirala, brez možnosti, da bi posadke izskočile. Druga močno poškodovana letala so izgubila nadzor. Izskočiti iz vrtečega ali padajočega letala je praktično nemogoče, saj sila potiska človeka proti notranjosti. Ko bi le moja žena, mama, sestra in drugi prijatelji ter sorodniki vedeli, da smo še živi.

Dolga pot za sovražnimi linijami se je nadaljevala. Čez dan smo se skrivali in spali, ponoči pa hodili po gorah. Opazil sem, da smo imeli različne vodnike, ko smo se pomikali proti jugu. To so bili ljudje, ki so živeli na območjih, skozi katera smo potovali. Bili so kmetje ali običajni prebivalci in niso vzbujali posebnega suma. Ponoči so se podajali v gore in nas vodili nekaj kilometrov po najvarnejših poteh. Vnaprej dogovorjeni so se srečali z drugim moškim, ki nas je vodil skozi njemu najbolj poznano območje. Potem so se vrnili v svoje domove. Spali smo v kakšnem zavetju in se skušali malo odpočiti, preden smo zvečer nadaljevali pot.

Po nekaj dneh hoje smo se znašli na območju severno od Gorice, sredi zelo hudih bojev. Nemci so poskušali zatreti partizansko dejavnost. Nismo mogli nadaljevati po načrtovani poti, niti se vrniti na izhodišče. Bili smo se prisiljeni skrivati na istem območju, od ene gore do druge.

KONTAKT Z BRITANSKIM ODPOROM

Po neštetih dneh skrivanja pred Nemci smo končno vzpostavili stik z britanskim odporniškim gibanjem. Spomnim se majorja, nižjega častnika (captain) in morda še štirih ali petih drugih iz odpora. Niso imeli posebnega poveljstva, ampak so se stalno premikali ter uporabljali radijsko zvezo za stik s poveljstvom 15. letalske sile v južni Italiji. Po svojih najboljših močeh so naše obveščevalce sproti seznanjali z dogajanjem za fronto. Člani odpora so ostali z nami zelo kratek čas in nam posredovali čim več informacij o območju.

Ena najbolj dobrodošlih stvari, ki so nam jih dali, je bil prašek proti ušem. Borili smo se z ušmi, ki so lezle po naših telesih, še posebej ponoči, ko smo se umirili in skušali zaspati. Dokler smo bili dejavni, so se uši skrivale v šivih naših oblačil; ko pa smo se umirili, so začele plaziti naokoli in praskali smo se kot psi z bolhami. Dragocen prašek proti ušem – bil je čudovit, dokler je deloval!

Odporniki so nam dali italijanski denar (lire), če bi imeli priložnost kupiti hrano. Eden od partizanov se je javil, da gre v bližnje mesto in nam kupi kaj za pod zob. Vrnil se je s kozarci slanih rib in kislih kumaric v slanici, ki jih nismo mogli jesti, čeprav smo bili neznansko lačni. Slanica nam je v ustih pustila neznosno oster okus. Brez dvoma je bilo to najboljše, kar so lahko dobili. Hrane je bilo malo.

Preden so člani odpora odšli, so obljubili, da bodo poslali sporočilo poveljstvu 15. letalske sile, da smo navezali stik z jugoslovanskimi partizani. To nam je zelo dvignilo moralo. Morda bi naše družine izvedele vsaj, da smo še živi. Kasneje sem izvedel,

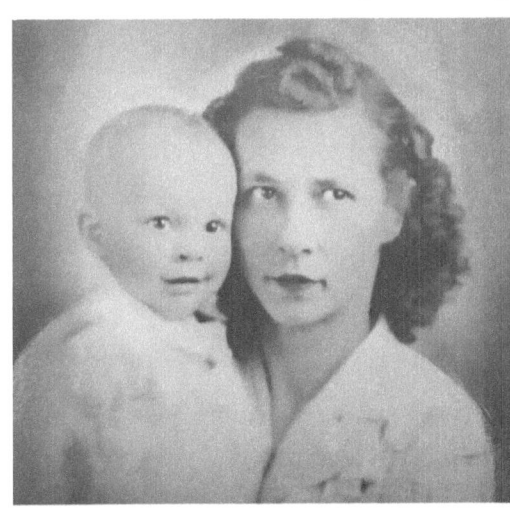

Geraldine in Janice Gaye – vsak dan v mojih mislih

da je novica dejansko prispela do našega poveljstva v Bariju v Italiji, vendar mi ni prišlo na misel, da to ne bo obvestilo mojih najbližjih, da smo živi in na varnem. Predvidevam, da niso želeli vzbujati lažnega upanja doma, saj smo bili še vedno za sovražnikovimi črtami.

Medtem ko se je naša preizkušnja nadaljevala, so prijatelji na bazi pisali tolažilna pisma našim družinam, družine pa so si med seboj dopisovale in si izmenjevale najnovejše informacije ter ohranjale moralo. Nekaj letalcev je moji ženi Geraldine pisalo tolažilne besede, a zaradi varnosti niso smeli razkriti, da so nas rešili partizani.

Eden od naših tovarišev, ki so ga zaradi sesedlega pljučnega krila poslali domov, je lahko poklical mojo ženo iz Severne Karoline in ji povedal, da smo živi in razmeroma na varnem. Lt. Trebusak, kopilot, in Sgt. Baumgardner, mitraljezec v spodnji kupoli, sta se v dobrih tridesetih dneh varno vrnila na našo bazo. Povedala sta Jacku Jarrettu o našem varnem izhodu iz letala, Jack pa je sporočilo po telefonu in pismu posredoval Geraldine, ko je prišel domov.

Medtem so Nemci še naprej pritiskali na partizane. Nenehno streljanje z vseh strani je povzročilo, da se je še več sestreljenih letalcev in drugih zbralo ter poskušalo pobegniti s tega območja, če bi bilo le mogoče. Lt. Roy Cooke iz Delmarja v New Yorku, zamenjava za Lt. Billa Hockensmitha, našega navigatorja, se je pridružil naši majhni skupini. Kmalu po izskoku ga je skrila zelo prijazna gospa.

> Yadkinville, N.C.
> July 9, 1946
>
> Dear Mrs. Petty,
>
> I do hope that you will remember me. I think I have written to you a time or two while I was in the army at Macon, Georgia. I was the one that sent the gift for the baby from the boys in P.L.M at Cochran Field.
>
> Just before I was shipped overseas I heard that my dear friend Bill, (your husband) had been killed in action. I left Cochran Field and never found out for sure about it.
>
> I will be looking forward to receiving a letter from you and I sincerely hope it will bring me good news of Bill.
>
> Sincerely,
> Clyde Sizemore

Pisma prijatelja

Pogrešan v akciji

Seznam imen »pogrešanih v akciji« in njihovih družinskih članov, ki so bili obveščeni. (Pet od teh moških ni bilo v naši redni posadki. Bili so zamenjave za to misijo.)

1st Lt. Gerald S. Armstrong	Ga. Virginia Agnes Armstrong (žena) 1128 Edgewood Street, NE Warren, Ohio
2nd Lt. Frank B. Trebusak	Ga. Rose Trebusak (mati) Rural Free Delivery 1 LaSalle, Illinois
2nd Lt. Leroy J. Cooke *(zamenjava)*	Ga. Esther V. Cooke (mati) 40 Hudson Avenue Delmar, New York
2nd Lt. Frank D'Ambra ml. *(zamenjava)*	G. Frank D'Ambra (oče) 1868 Broad Street Cranston, Rhode Island
T/Sgt. Leo J. Lord	Ga. Lucille F. Lord (žena) 14 Norfolk Street Fitchburg, Massachusetts
T/Sgt. Thaddeus W. Witkowski	Ga. Anna Witkowski (mati) 652 N. Aberdeen Street Chicago, Illinois
S/Sgt. John W. Petty	Ga. Geraldine T. Petty (žena) Route 2 Carthage, Tennessee
S/Sgt. Elmo J. Justilian *(zamenjava)*	Ga. Rosina Justilian (mati) Berwick, Louisiana
S/Sgt. Francis L. Baumgardner *(zamenjava)*	Ga. Florine Baumgardner (mati) 83 Frost Parkway Tiffin, Ohio
S/Sgt. James W. Brock *(zamenjava)*	Ga. Yvonne R. Brock (žena) Grant City, Missouri

SKORAJ TRI TEDNE BREZ NAPREDKA

Skoraj trije tedni so minili, ne da bi uspeli doseči kakršen koli napredek. Nemci so še vedno poskušali ugotoviti našo lokacijo. Premikali smo se iz kraja v kraj na tem majhnem območju. Zdelo se je, da so območje obkrožili in počasi zoževali naša skrivališča. Britanski častnik, inženir, je prišel v gore, da bi nas našel. Z njim je prišel ameriški narednik. Izskočila sta za sovražnikovimi linijami blizu Jadranskega morja, na območju Vidma ali Trsta v Italiji. Njuna naloga je bila pripraviti poročilo o stanju pristanišča za morebitno prihodnjo uporabo, če bi bilo treba obkoliti Nemce in Italijane s kopensko vojsko. Eno mojih največjih obžalovanj je bilo, da nisem uspel dobiti imen in naslovov teh dveh moških. Zelo rad bi stopil v stik z rdečelasim britanskim častnikom. On in narednik sta bila zagotovo dva najbolj predanih mož v vojaški službi, kar sem jih imel priložnost spoznati.

Ameriški narednik, katerega starša sta pred mnogimi leti iz Jugoslavije prišla živet v Ameriko, je znal govoriti jugoslovanski jezik. To je bila dragocena pomoč, saj se je lahko pod lažnim imenom pomešal med domačine in pridobil informacije ter druge potrebne stvari, kot je hrana za preživetje. Ta moža sta več mesecev tvegala življenje, ko sta se skrivala v hiši blizu obale Jadranskega morja in kadar je bilo mogoče, odhajala na teren, da bi kartirala pristanišče.

Častnik je svoje delo opravil v tolikšni meri, da ga je lahko poslal nazaj obveščevalnemu oddelku v Bariju v Italiji. Prejel je sporočilo, da se nekaj ameriških letalcev prebija iz sovražnega ozemlja. Prišel je k nam s temi strogo zaupnimi podatki, zapečatenimi v ovojnici. Upali smo, da nam bo vsem uspelo varno priti nazaj in osebno dostaviti te informacije, ki jih je vojska nujno potrebovala za načrtovanje prihodnjega napada. Edini način za prenos teh informacij izza sovražnih linij do poveljstva je bil preko kurirja. Če bi se strinjali, bi mi bili kurirji. Njegova prošnja je bila: »Nikakor ne dovolite, da to pismo pade v roke sovražniku.« Enkrat prej je že poskušal poslati del svojega zemljevida pristanišča po kurirju. Kasneje je izvedel, da so kurirja odkrili z informacijami o pristanišču in mu pomeben dokument zasegli. Njegova usoda je bila, da so ga zaprli v ječo, kjer je umrl od lakote. Opozorilo za nas je bilo: »Če vidite, da boste ujeti, uničite pismo ali pa ga v skrajnem primeru pojejte.«

Častniku je pomagal lokalni čevljar, ki je bil dvojni agent in domoljuben Jugoslovan.

Streli iz nemških pušk so se približevali, in zdaj je streljanje postalo neprestano. Častnik in narednik sta se hitro odpravila. Bilo je sredi popoldneva – ni bilo časa čakati na temo. Takoj smo morali oditi, sicer bi nas ubili ali ujeli. Bežali smo za svoja življenja, ko so se Nemci približevali. Skrili smo se v gosto podrast grmovja in borovcev, dokler si nismo upali vrniti v varno zavetišče. Na naše presenečenje je hišo zasedala skupina ruskih vojakov. Ted Witkowski, Justilian in jaz smo ponovno vstopili v enoprostorno stavbo, ne da bi vedeli, kaj nas čaka. Verjetno so bili nameščeni na tem območju, da bi pomagali partizanom v njihovi podtalni vojni.

Naslednjega prizora ne bom nikoli pozabil. Skupino sta očitno vodila dva mlada častnika. Sedela sta za improvizirano mizo. Našo pozornost niso pritegnili toliko Rusi, ki so nas očitno ignorirali, temveč kup prekajenih klobas in hlebec nezavitega francoskega kruha. Tiho smo razpravljali o načinu, kako bi jim preusmerili pozornost in si v pilotske jakne stlačili kos klobase in kruha. Bili smo zelo lačni, saj smo v treh tednih pojedli le nekaj jajc, ki smo jih dobili pri kmetu, poleg tega pa so nam partizani dovolili jesti z njimi, kadar so imeli kaj hrane. Ponoči so šli ven, ubili kravo, jo očistili in razkosali kar na polju. Nato so meso prinesli v gore. Ta hrana je zadostovala za nekaj dni. Lahko si predstavljate, kako dobro je bilo meso, četudi ni bilo soljeno ali začinjeno.

Jugoslovanski partizani koljejo kravo
Fotografija Edija Šelhausa, hrani Muzej novejše zgodovine Slovenije

NESLIŠANI JOK MLADEGA BORCA – OBSOJEN NA STRELJANJE – ZAKON DŽUNGLE

V tej enoprostorni hiši je bilo čutiti nemir in razburjenje. Med ruskimi vojaki se je nekaj dogajalo. Ker je Ted govoril poljsko, je lahko razumel nekaj ruskega jezika. Šepetal sem Tedu, naj poskusi ugotoviti, kaj je narobe. Pogledali smo poveljnika in njegovega pomočnika; nista mogla biti starejša od dvajset let.

Dogajanje, ki je sledilo, je bilo razumljivo kljub jezikovni oviri, čeprav nismo razumeli besed, ki jih je mladi poveljnik kričal na ves glas. Še vedno se z grozo spominjam dveh mož, ki sta planila skozi vrata in držala ter potiskala drugega mladega vojaka. Strojnici, pripeti okoli pasu, sta potisnila v rebra prijetega moža. Mladeniča sta sunkovito potegnila pred poveljnikovo mizo. Ta moški, star približno dvajset let, je poskušal poveljniku nekaj povedati. Njegovega joka nihče ni slišal, saj poveljnik ni prenehal kričati. Spet so ga sunkovito obrnili, ga potisnili skozi vrata in odpeljali.

Moje srce je občutilo sočutje do tega visokega, pokončnega in čednega mladeniča. Kaj je storil, da si je zaslužil takšno ravnanje? Do takrat je Ted enega od Rusov stisnil v kot in dobil vse informacije, ki jih je lahko, kar nam je zadostovalo, da smo izvedeli, kaj je storil – kar bi v ZDA pomenilo le blag opomin, nikakor pa ne vojaškega sojenja. Hitro sem spoznal, da to ni ZDA.

Kruta resnica je prišla na dan. Ta mladi, lačni vojak ni imel hrane in je vzel kos klobase s poveljnikove mize, da bi ga pojedel. Rus je Tedu pojasnil, da mora biti disciplina zelo stroga. Razsodba brez sojenja: »Odvedite ga ven in ga ustrelite.« Dodal je, da je bil ta mladi vojak pogumen in si je prislužil zasluge za trinajst ubitih sovražnikov. To dejstvo poveljniku ni pomenilo ničesar. Ni želel slišati, da je bil lačen in pogumen. Raje ga je obsodil na smrt, kot da bi poslušal. Seveda smo opustili misel o kraji klobase, kruha ali česarkoli drugega od njega. Če je ta poveljnik lahko ubil enega svojih rojakov, kaj bi naredil šele lačnemu Američanu? V mojem spominu je vtisnjenih veliko takšnih dogodkov. Ta se mi prepogosto vrača v spomin. Občutim žalost; vse skupaj se zdi kot slabe sanje.

> Feb. 15th
>
> Dear Mrs. Petty,
>
> I received your letter today. I hope and pray that since writing your letter that you have received news of Bill's safety. My husband (Ballard) didn't happen to fly with Armstrong that day and neither did Bill Hockensmith, the navigator. As for the others, I don't know as yet. I received a letter Monday from Armstrong's

Več pisem tolažbe in žalosti

ŽALOSTEN BOŽIČ ZA BRITANSKI ODPOR IN UKRADENA HRANA TER PISMO OD DOMA

Ameriška letala so nas nenehno preletavala, medtem ko smo poskušali pobegniti. V gorah so odmetavali zaloge za partizane. Povedali so mi, da poleg orožja in streliva pošiljke vsebujejo tudi hrano in medicinsko opremo. Padala niso bila bela najlonska, kot smo jih uporabljali za izskok iz letala, temveč so bila narejena iz močno obarvanega materiala. Letala so preletavala gore na zelo nizki višini in poskušala odvreči pošiljke tam, kjer so bili partizani najbolj dejavni. Ko smo nadaljevali svojo pot pobega, sem vse pogosteje videl odmetavanja pošiljk.

Odporniki so novice od doma prejemali preko padalskih pošiljk. Za sovražnimi črtami so bili že več mesecev. Veselili so se pisem in občasno tudi hrane, ki so do njih prispela šele po tednih ali mesecih. To so bile pogumne skupine mož. Bil sem za sovražnikovimi linijami in se na vse pretege trudil pobegniti. Ti možje so ponoči izskakovali iz letal in pri tem tvegali življenja, čeprav so vedeli, da se morda nikoli ne bodo vrnili domov. V mnogih primerih je to pomenilo žrtvovati lastno življenje za informacije, ki smo jih nujno potrebovali. Predani člani odpora so leta 1944 ostali brez svoje božične večerje, saj so jim jo ukradli skupaj s pošto in božičnimi voščili od doma. Sovražniki, ali vsaj ne prijatelji, so opazili območje, kjer je bila pošiljka odvržena s padalom. Člani odpora, ki so hiteli z mislijo na dobro hrano in sporočila od doma, so ob prihodu na kraj našli le koščke pisem svojih najdražjih.

Družinske fotografije so bile raztrgane, ostanki hrane pa so bili vse, kar je ostalo. Ta pogumna skupina članov odpora je morala biti pogumnejša kot kdajkoli prej in nadaljevati. To je moral biti eden njihovih najbolj žalostnih božičev.

Partizani so določili moškega, ki naj bi nam pomagal pobegniti z gorskega območja. Z nami naj bi ostal, dokler ne bi zapustili Jugoslavije. Bili sta dve poti za pobeg. Obe sta bili že večkrat uporabljeni. Ena je bila, da bi se neopazno odpravili proti jugu do določenega kraja na Jadranski obali. Tam bi nas ponoči nekakšen čoln prepeljal čez Jadransko morje v južno Italijo in na varno. To pot so odkrili Nemci in je bila preveč tvegana. Veliko jih je že prej pobegnilo po tej poti.

Druga možnost je bila nadaljevati skozi gore do določenega kraja jugozahodno od Zagreba v Jugoslaviji. Naš cilj je bila ravnica ob reki, ki so jo že uporabljali za pobeg z letalom. Po tej poti bi nadaljevali še približno 240 do 320 kilometrov. Moram reči, da sem za te možnosti izvedel šele pozneje. Bili smo prepuščeni na milost in nemilost odločitvam drugih.

> Dear Jerry,   April 4th
>
> Since I wrote last I have also had my share of worries. On Monday march 26th I recieved a letter from the Chaplain of the hospital saying Ballard had been wounded on March 15th while flying his 31st mission over Austria. This was followed by a form card from the hospital, letter from the Chaplain of our church

Od Lotus Cooper, žene bombardirja

PET NEMŠKIH DEZERTERJEV SE NAM PRIDRUŽI

Ko smo nadaljevali s poskusi pobega, so se naši skupini pridružili še drugi. Britansko letalo, ki so ga nekaj noči prej zadeli, je razsvetlilo celo nebo. Dva člana posadke letala, ki sta bila hudo opečena, sta nekako preživela. Pridružila sta se skupini in poskušala ubežati zajetju. Ta moška je eksplozija vrgla iz letala. Enemu izmed njiju je partizanski zdravnik povil telo od pasu do vrha glave. Njegove roke, dlani in glava so bile povsem ovite, z le eno odprtino za oči, nos in usta.

Tudi pet nemških dezerterjev se nam je pridružilo. Predali so se partizanom v upanju, da bodo prišli do južne Italije. Želeli so biti zadržani kot vojni ujetniki do konca vojne, nato pa vrnjeni domov k svojim najdražjim. Bili so vojaki, eden je bil častnik, preostali štirje pa vpoklicani vojaki. S seboj so imeli nekaj stvari, na primer prvo pomoč, ki bo Tedu Witkowskemu čez nekaj noči zelo prav prišla. Bili so prijazni in pripravljeni z nami deliti vse, kar so imeli.

Skupini, ki je postajala mednarodna, se je pridružil mlad Čehoslovak. Pobegnil je iz nemškega delovnega taborišča v svoji domovini. Medtem ko je bežal za svoje življenje, je bil ustreljen v prsi s strelnim orožjem. Ker ni bil zadet v vitalni organ, je preživel brez zdravil in prehodil stotine kilometrov, da bi prišel do Alp. Ted Witkowski, ki je do neke mere razumel češki jezik, se je pogovarjal z mladeničem. Želel je priti v Ameriko. V otroštvu je v svoji domovini gledal ameriške kavbojske filme in njegova največja želja je bila, da bi se naselil na ameriškem zahodu in postal kavboj.

V tem trenutku ni bilo pomembno, kdo je kdo ali iz katere države prihaja. Morali smo ohranjati voljo, če smo želeli preživeti. Z Božjo pomočjo smo pobegnili z "vročega območja" sovražne dejavnosti.

Povedali so nam, da bo naslednjih osemdeset kilometrov zelo malo partizanske zaščite. Potovanje bo polno nevarnosti, saj obstaja tveganje, da nas domačini, če nas opazijo, izdajo Nemcem. V naslednjem tednu bo hrane malo, če sploh.

Približno eno uro pred temo smo se pripravili na potovanje, ki se je izkazalo za najslabšo noč našega pobega. Pot bo nevarna – milo rečeno. Vodja je ukazal, da moramo takoj oditi. Čehoslovak je začel ugovarjati in postal tako vznemirjen, da je začel jokati. S solzami v očeh je rekel: »Prosim, ne začnite podnevi, odkrili nas bodo.« Živo se je spominjal strelne rane v prsih, ki jo je dobil med begom iz taborišča za prisilno delo. Naša skupina se je odpravila na pot, medtem ko je Čeh ugovarjal. Ni bil pravi čas za razhod; morda je jugoslovanski vodja vedel najbolje, vendar sem dvomil v njegovo presojo. V sebi sem čutil, da nekaj ni v redu.

Nismo več imeli vodnikov iz manjših krajev, ki bi nas popeljali čez bližnje območje in nas nato predali naslednjemu, da bi nas vodil po njemu znanih poteh. Zdaj smo bili prepuščeni sami sebi, imeli smo le kompas in zemljevid za pobeg, za katerega sem zelo dobro skrbel. Nisem bil prepričan, ali ta vodja ve, da gre v pravo smer. Vedel pa je, kje se nahaja sovražnik, kar nam je bilo v veliko pomoč.

Ko se je začelo mračiti, smo se morali spustiti po strmem pobočju gore. Iz majhnega naselja spodaj sem slišal streljanje. Sledilne krogle so začele risati rdeče sledi, ko so švigale skozi nebo. Streljanje je prihajalo izza nas, zato sem bil prepričan, da so nas odkrili. Morda je imel Čeh prav in bi to lahko bila noč, ko nas bodo ujeli in ubili. Morda bi bilo bolje, če bi me ujeli tisti dan, ko sem izskočil iz letala, saj sem bil takrat v dobri telesni kondiciji. Če bi nas ujeli zdaj, v našem oslabelem stanju, bi sploh preživeli? Kakršnekoli so že bile naše misli, vedeli smo, da moramo nadaljevati, ne glede na to, kakšna bo naša usoda.

Pobočje gore je bilo tako strmo, da smo se lahko premikali le od enega grma do drugega. Če bi se spustili in ne bi hitro zgrabili česa za oprijem, bi nas drsenje po snegu odneslo do drevesa ali skal nižje po hribu. Na dnu hriba je bila glavna cesta. Povedali so nam, da jo moramo hitro prečkati v upanju, da nas ne bodo opazili. Takoj čez cesto je bila reka, ki je tekla vzporedno z njo. To reko smo morali prebroditi ali preplavati. Upali smo, da nas sovražnik ne bo čakal na cesti, da bi nas ujel. Noč se je šele začela, a se je zdelo, kot da je minila večnost, odkar smo pozno popoldne krenili.

Skrivali smo se ob robu ceste in prisluhnili, ali bomo zaslišali kakšen zvok ali gibanje iz prikritih položajev okoli nas. Hitro smo stekli čez cesto. Spet smo se skrivali v tišini noči in pozorno opazovali mrzlo vodo, obdano z ledom in snegom na obeh straneh. Odločil sem se, da si bom sezul čevlje in nogavice ter zavihal hlačnice čim višje.

Preden sem poskušal prečkati reko, sem se ozrl naokoli, da bi našel svojega najboljšega prijatelja, Teda Witkowskega. Med spustom z gore sem izgubil stik z njim, kar me je zaskrbelo. Odraščal sem kot povprečen deček v hribih Tennesseeja, kjer sem lovil in ribaril. Vedel sem nekaj o tem, kaj je potrebno za preživetje. A takšnih gora doma v gorovju Cumberland nisem nikoli videl. Vedel sem, da Ted nima skoraj nobenih podobnih izkušenj, saj prihaja iz samega srca Chicaga. Nismo imeli nobenega vojaškega usposabljanja za preživetje, kar bi bilo mestnim fantom v veliko pomoč. Nisem dvomil o Tedovi volji, da nadaljuje. Edini dvom je bil, ali bo lahko sledil skupini?

Snel sem si čevlje in nogavice. Hlačnice sem si zavihal čim višje, prsti na nogah so se mi zarili v sneg, ko sem se prebijal v vodo. Bila je ledeno mrzla – a nič bolj kot sneg na bregu. Spotikal sem se naprej po nekaj centimetrov, v upanju, da ne padem v globoko luknjo. Ko sem prišel na drugo stran, sem bil moker le do pasu. Medtem ko sem si obul čevlje in nogavice, so mi hlačnice hitro zmrznile.

Streljanje se je ponovno okrepilo, svetle sledilne krogle so razsvetljevale nebo. Če smo hoteli ubežati, smo morali splezati na goro, skoraj takšno kot tisto, s katere smo pravkar sestopili. Kako dolgo bom še lahko nadaljeval? Ali bom zbral dovolj moči, da splezam na goro do mesta, za katerega upam, da bomo začasno varni?

Spet sem iskal Teda v temi. Nikjer ga ni bilo videti. Videti je bilo, da so vsi ostali že pred menoj in se oprijemajo ovijalk ter dreves med vzpenjanjem proti novemu skrivališču na tej visoki gori. Zaostajal sem; mislil sem, da je Ted v skupini pred menoj.

Plezal sem kar se da hitro. Tolikokrat so mi noge zdrsnile in izgubil sem ves dosežen napredek. Pobiranje in ponovni poskusi dohiteti skupino so se zdeli brezupni.

Končno smo prispeli na vrh gore. Začeli smo preštevati ljudi. Skupina se je naslanjala na drevesa in skušala zbrati dovolj moči za nadaljevanje. Kot sem se bal, je bil Ted pogrešan. Iskal sem ga v temi. Tam je bilo pet nemških dezerterjev, Čeh, in Justilian, naš fotograf in mitraljezec. Tam so bili tudi člani drugih posadk – ne spomnim se, ali sta bila dva ali trije, ki so prav tako izskočili. Po temeljitem pregledu je manjkal še eden. Pogrešan je bil tudi Jugoslovan, ki je bil določen, da gre z nami.

MAJHNA HIŠA V GORAH

Skupina ni hotela več čakati. Imel sem izbiro: nadaljevati pot v noč in poiskati kraj za počitek ali pa tam počakati sam in popolnoma izgubiti skupino. Rekli smo si, da bomo prenočili in upali ter molili, da se Tedu in našemu jugoslovanskemu prijatelju ni zgodilo nič hudega. Upali smo, da bosta sledila našim stopinjam in nas našla pred jutrom.

Manj kot kilometer stran smo zagledali oddaljeno luč v nečem, kar je bilo videti kot majhna hiša v gorah. To bi lahko bil kraj za postanek, prijatelj ali sovražnik, če se ne bo izkazalo, da je le privid. Ne spomnim se ure – morda je bilo blizu polnoči. Ko smo se približali hiši, so luči ugasnile. Zdelo se nam je, da mora biti v hiši neka toplota, in menili smo, da je to naša edina možnost, da ne pomrznemo.

Močno smo potrkali na vrata. Ni bilo nobenega odgovora niti znaka življenja. Nestrpno smo še močneje potrkali na vrata, kot da bi jih hoteli razbiti. Prižgale so se luči, vrata pa je odprl moški, ki je bil na smrt prestrašen. Njegova žena in majhna deklica sta sedeli na ogrevani betonski plošči, zgrajeni kot postelja s stranicami do tal. En konec je bil zaprt z vrati do drugega konca. V kurišču je gorel les, ki je grel betonsko posteljo. Med mrzlimi zimskimi nočmi v Alpah je to omogočalo zelo udobno spanje skoraj brez odeje.

Lahko si predstavljamo, kako se je morala počutiti ta družina – sredi noči so v svoj dom spustili skupino tujcev. Američani, Britanci, Nemci, Jugoslovani in en Čeh, vsi premraženi, nekateri mokri, s snegom in ledom na oblačilih. Prepričan sem, da so pričakovali najhujše. Slovenci, ki so govorili njihov jezik, so družino tolažili. Želeli smo se le pogreti, nato pa nadaljevati pot, ne da bi jim na kakršenkoli način škodovali.

Ne bom pozabil prizora, ko smo se vsi stisnili blizu tega betonskega ležišča, da bi začutili nekaj toplote. Moški, ženska in otrok so sedeli ob postelji s sklonjenimi glavami ter znova in znova molili nekaj, za kar sem menil, da je katoliška molitev. Bila je vrvica molitvenih kroglic – predvidevam, da rožni venec – ki so jo nenehno prebirali med prsti. Majhna deklica je nagnila glavo na eno stran, ko je zaspala, nato pa se prebudila in znova in znova molila isto molitev. Nisem razumel jezika; vendar sem prepričan, da je Bog razumel vsako besedo. Veliko stvari je vtisnjenih v moj spomin, in to je ena tistih, ki jih lahko izbriše le smrt.

ZMRZNJENA STOPALA, TEDA ODPELJEJO NA SANEH NA ZDRAVLJENJE, NATO PA VRNEJO; NEMŠKI DEZERTERJI IZGINEJO

Slišali smo nekoga zunaj, kako poskuša priti do vrat. Naše molitve so bile uslišane. Jugoslovanski vodja in Ted sta končno prispela. Ted je držal sezute čevlje v rokah, njegove noge pa so krvavele in bile zmrznjene. Podplati njegovih čevljev so bili spolzki, zato se ni mogel povzpeti na goro po snegu in ledu. Sezul si je čevlje, da je lahko potisnil noge v sneg in ni zdrsnil nazaj po gori. Led, vdelan v sneg, je močno poškodoval podplata njegovih nog. Kasneje je Ted to poimenoval ozebline, jaz pa sem rekel, da so bila stopala zmrznjena.

Moje spoštovanje do jugoslovanskega vodje se je povečalo za sto odstotkov. Vedel sem, da je tvegal svoje življenje, da bi pomagal Tedu, mojemu najbližjemu prijatelju. Takrat sem spoznal, da je nemški častnik do Teda čutil sočutje, kot bi ga v takšnem trenutku čutil vsak sočuten človek. Odložil je svojo nemško uniformo z zvitkom gaze in uporabil ves povoj za Tedova stopala. Kar je bilo videti kot steklenička neke vrste olja, verjetno antiseptika, so mu pred povijanjem vtrli v noge.

Pred zoro smo zapustili ta skromen dom, ne da bi sploh prosili za hrano. Ta družina je pomagala premraženi skupini letalcev in drugih preživeti še eno noč. Za kratek počitek smo se namestili v nekem drugem skednju ali zavetišču. Zahvalili smo se Bogu, da je bil Ted živ in z nami. Vedeli smo, da je potrebno nekaj storiti za preprečitev okužbe na njegovih stopalih. Prišla sta dva člana slovenskega odporniškega gibanja s snežnimi sanmi. Pojasnili so, da je edina razpoložljiva zdravstvena oskrba v bližini območja, kjer so bili boji najhujši. Bil je žalosten čas tako za Teda kot zame. To je pomenilo, da bova prvič ločena. Ne da bi potočil solzo, mi je Ted, tik preden so ga možje odvlekli na saneh, rekel: »Prosim, ko prideš iz sovražnega ozemlja, obvesti mojo družino, da bom v redu. Povej jim, naj ne skrbijo, in da bom kmalu spet doma.« Nikoli nisem videl bolj pogumne osebe, kot je bil Ted, ko so ga zavitega odpeljali na saneh na zdravljenje hudih ozeblin in delno zmrznjenih stopal. Strah me je preplavil ob misli, da Teda morda ne bom več videl.

Po približno treh tednih in mnogih prehojenih kilometrih po Jugoslaviji so se partizani vrnili k naši skupini. Tedova stopala so bila nedvomno veliko boljša; kljub temu pa so bila še vedno tako boleča, da je komaj hodil.

Želim si, da bi vedel več o Tedovem zdravljenju. Po vrnitvi mi je povedal, da so mu kmalu po odhodu iz naše skupine zavezali oči in ga odpeljali v hišo k zdravniku. Mislim, da so ga premikali od hiše do hiše v gorah, saj so se boji nenehno selili z ene fronte na drugo.

Tisti dan, ko so Teda odpeljali, sem se ozrl naokoli in poskušal najti pet nemških dezerterjev. Nihče od naših mož ni vedel, kaj se je zgodilo. V tem zelo kratkem času sem se naučil zaupati Nemcem. Zdeli so se brezskrbna skupina, predvsem najmlajši, ki je bil videti kot najstnik. Rad me je dražil, ko mi je govoril, da je sovražnik blizu. To je počel z izrazom na obrazu, se smehljal, kot da bi se hotel pognati v beg. To ni trajalo dolgo. Bal sem se najhujšega. Za bojnimi linijami ni bilo prostora za zadrževanje ujetnikov.

Čeha nisem nikoli več videl. Upam, da se mu je želja uresničila. Zaslužil si je to, da pride v ZDA in postane kavboj, kot v ameriških filmih, ki se jih je spominjal: s hitrimi konji, Indijanci in kavbojem, ki je vedno dobil svoje dekle.

Od tu naprej je bila pot težka, dokler nismo šli še dlje proti jugovzhodu Jugoslavije. Ne samo, da je bilo skoraj nemogoče dobiti hrano, tudi do pitne vode je bilo težko priti. Sneg ni bil več tako globok, vendar pa je bila zemlja na gorskih poteh še vedno zmrznjena ter pokrita s snegom in ledom. Imel sem edino posodo za nošenje pitne vode. To je bila običajna vojaška čutara, ki sem jo stlačil v žep tik preden sem skočil iz letala. Bila je prava rešilna bilka. Nismo si upali sestopiti iz gora, da bi poiskali pitno vodo. Voda je bila odmerjena vsakemu na en požirek iz čutare, dokler nismo našli majhnega potoka ali izvira. Naša telesa so se nekako prilagodila pomanjkanju hrane, a hrepenenje, ki je gorelo v nas, je zaradi pomanjkanja vode postajalo vse hujše. Na nekaterih gorskih poteh, kjer je sonce sijalo dovolj močno, da je stopilo sneg in led v volovskih sledeh, smo lahko našli majhno lužo vode. Ulegel sem se na trebuh, odpihnil smeti in gnoj toliko na stran, da sem lahko srknil nekaj vode ter si zmočil usta in grlo. Sgt. Baumgardner, mitraljezec v spodnji kupoli, je po vrnitvi na našo bazo zaradi uživanja okužene hrane in vode več tednov preživel v bolnišnici. Ne vem, kako sem se temu izognil.

Spomnim se hrane, ki jo je na goro prinesla skupina žensk. Bilo je približno tretji dan večtedenskega potovanja skozi zelo nevarna območja. Kraj je bil nekje blizu italijansko-jugoslovanske meje. Te čudovite ženske so tvegale svoja življenja, da bi prinesle nekaj hrane skupini lačnih mož. Prinesle so še toplo hrano v loncih in ponvah ter rezine italijanskega kruha. Čas obroka je moral biti vnaprej dogovorjen, verjetno od ust do ust preko tajnega odpora, saj so se novice hitro širile.

Partizanke prinašajo hrano
Fotografija Edija Šelhausa, hrani Muzej novejše zgodovine Slovenije

Dear Mrs. Petty,

I thought that I should let you know that after receiving the terrible telegram on Feb. 4th, stating my son, missing since Jan. 20th, I have received a card, and letter, dated Feb. 5th on March 12th from my son, from a prisoner of war camp, the ~~~~~~

Thanking you kindly
Cordially
Frank's mother, Gina D'Ambra
Cranston 5, N.Y.

Monday
April 9/45

Dear Mrs Petty —
I rec'd your letter today telling me about your husband being on the plane with my husband. I rec'd a telegram from the War Dept Mar 28th telling me my husband was a prisoner

Sincerely
Mrs Yvonne Brock
Grant City, Missouri

am glad to know you put your trust in God, Who surely is our only Hope, no matter what happens keep your Faith.

Your sincere friend
Mrs. Florine H. Baumgardner
P.S. Still be praying for you and your"ed good news.

Prijatelji še vedno pišejo

PODGANE JEDO KRUH IZ MOJIH ŽEPOV

Izprašal sem Italijanko, ki je bila videti kot vodja. S svojo polomljeno angleščino in mojim zelo omejenim znanjem italijanščine mi je povedala, da je njen mož vojni ujetnik Američanov. Zajeli so ga v Severni Afriki, kjer se je boril proti vojski generala Georgea Pattona. Ta draga gospa je prejela pismo od svojega moža iz ameriškega taborišča za vojne ujetnike. Napisal je, da ima dovolj hrane in naj ne skrbi, saj se bosta videla, ko bo vojna končana. To je bil njen način, da je rekla: »Hvala, Američan, ker skrbiš za mojega moža.«

Hitro smo jedli in se ljudem iz srca zahvaljevali. Pogledal sem navzgor in zagledal skupino ameriških bombnikov, ki so leteli v Nemčijo, da bi bombardirali vojne tovarne, naftna polja in oskrbovalne poti. Ti ljudje so se naučili bežati in se skriti v jarke iz strahu pred streljanjem iz letal. Medtem ko so bežali, sem stal tam, s ponosom gledal v nebo in rekel: »Hvala ti, Bog. Še vedno skrbiš za nas.« Rekli so nam, naj se tudi mi raje skrijemo. Prepričan sem, da so mislili: »Če se ne boste skrili, vas bodo obstreljevali, ker ne vedo, da ste Američani.« To je bilo smiselno; vendar pa letala niso iskala sovražnika za obstreljevanje, temveč so želela le bombardirati svoje cilje in se varno vrniti na svoje baze.

Ta gospa mi je dala hlebec svojega kruha, da si ga stlačim v žep in ga varčno jem v naslednjih dneh, ko bo hrane zelo malo. Bilo bi preveč nevarno prositi za hrano, saj bi nas lahko ujeli. Ni vedela, da bo moj kruh izginil že v naslednjem skrivališču.

Tisto noč smo hodili, dokler nismo bili izčrpani, in našli

skedenj, kjer smo prespali le nekaj ur do zore. Ne vem, zakaj sem vedno ležal blizu stene – morda zato, ker sem se bal, da bi kdo stopil name. Skoraj preutrujen, da bi dihal, sem snel pilotsko jakno. Kmalu sem začutil podgane, ki so lezle po mojem telesu. Dvignil sem roko, zalučal veliko podgano po zraku, in zaslišal pok, ko je zadela ob steno. Preveč izčrpan, da bi ostal buden in se boril s podganami, sem zaspal. Vonj kvasa v kruhu je privabil podgane. Samo Bog ve, zakaj niso pojedle še mene skupaj s kruhom. Zbudil sem se ob zori in ugotovil, da so pojedle moj kruh in pustile le nekaj drobtin.

Medtem pa je doma moja žena prejemala nadaljnja sporočila od Letalskih sil ter od mojih prijateljev in njihovih družin.

Na bombni misiji

MRZLA NOČ
IN MELODIJA »TAPS«

Živo se spominjam, kako sem najverjetneje naslednjo noč hodil po gorah in slišal zvok, ki ga nikoli ne bom pozabil. Mrzli srh je spreletel moje skoraj zmrznjeno telo. »Umik«, vojaški signal za umik, ki ga je zaigral trobentač, je glasno in jasno zvenel skozi hladno, ostro noč. Ta zvok mora biti resničen. Še vedno jasno razmišljam, ni možno, da haluciniram, ali pač? »Taps?« Ta trobentaška melodija pomeni konec dneva, čas za umik. Pomeni tudi konec življenja. »Taps« sem slišal igrati na vojaškem pogrebu. Ko smo nadaljevali v noč, smo ugotovili, da smo prišli nevarno blizu taborišča za vojne ujetnike, kjer so bili zaprti Američani in drugi zavezniki. Če bom imel dovolj sreče in bodo ob koncu mojega življenja zaigrali »Taps«, še zdaleč ne bo zvenela tako jasno in glasno kot tiste mrzle noči na vznožju Alp. Z Božjo pomočjo nisem nameraval dovoliti, da bi »Taps« pomenila konec. Odločil sem se pretvarjati, kot da je to trobentaški klic za jutranje vstajanje in nadaljevanje boja s temi gorami do varnejšega kraja.

```
ADDRESS REPLY TO
COMMANDING GENERAL, ARMY AIR FORCES
WASHINGTON 25, D. C.
```

ATTENTION: AFPPA - 8   HEADQUARTERS, ARMY AIR FORCES
                                      WASHINGTON

AAF 201 - (11804) Petty, John W.
          14153171

                                              30 March 1945

Mrs. Geraldine T. Petty
Route Two
Carthage, Tennessee

Dear Mrs. Petty:

    I am writing you with reference to your husband, Staff Sergeant John W. Petty, who was reported by The Adjutant General as missing in action over Italy since 20 January 1945.

    Additional information has been received indicating that Sergeant Petty was the assistant engineer on a B-24 (Liberator) bomber which departed from Italy on a bombardment mission to Rosenheim, Germany on 20 January 1945. The report reveals that your husband's bomber was last seen at about 1:45 p.m., north of Cortina, Italy, while enroute from the target, and it is believed that his plane was lost due to adverse weather conditions. It is regretted that no further information is obtainable in this headquarters relative to the loss of Sergeant Petty's aircraft.

    Believing you may wish to communicate with the families of the others who were in the plane with your husband, I am inclosing a list of these men and the names and addresses of their next of kin.

    Please be assured that a continuing search by land, sea, and air is being made to discover the whereabouts of our missing personnel. As our armies advance over enemy occupied territory, special troops are assigned to this task, and agencies of our government and allies frequently send in details which aid us in bringing additional information to you.

                          Very sincerely,

                           E. A. Bradunas

                           E. A. BRADUNAS
                           Major, Air Corps
                           Chief, Notification Branch
                           Personal Affairs Division
1 Incl.   Assistant Chief of Air Staff, Personnel

POSTAJAMO ŠIBKEJŠI

Noč za nočjo, ko smo potovali po vznožju Alp globlje v Jugoslavijo, smo se spraševali, kako daleč bomo še morali iti, da bo območje dovolj varno in bo letalo lahko pristalo ter nas odpeljalo na varno. Moje telo je postajalo šibkejše, čeprav je bila volja za nadaljevanje enako močna. Začel me je boleti levi kolk in zajel me je strah, da morda ne bom mogel več nadaljevati. Edinkrat, ko se spomnim, da sem jokal, sem se na skrivaj oddaljil, z glavo v dlaneh, in solze so prosto tekle. Po tem sem se počutil bolje. Morda je bila to obnovljena vera. Bolečina v kolku se je zdela manjša.

Kmalu po tem dogodku smo prispeli do steze, ki se je razcepila na gorsko cesto, kjer je stal star enotonski tovornjak z ravno nakladalno površino. Bilo je nenavadno vozilo, ki ga je poganjal parni stroj. Naložili so les v kurišče, ki je proizvajalo paro za motor;

Zloveščе Alpe

to je tovornjak poganjalo z zelo zmerno hitrostjo. Povlekli smo se na ravno nakladalno površino tovornjaka in se peljali približno trideset kilometrov. Težko si je predstavljati, kako veliko olajšanje nam je to prineslo. Tako dolgo so bile naše noge edino prevozno sredstvo. Nisem mogel verjeti, kaj se dogaja. Nikoli ne bom vedel, ali so vožnjo vnaprej uredili partizani ali pa je šlo za še eno Božje dejanje. Ta prevoz nam je dal novo življenje. Naša vera se je okrepila, da bomo kmalu prispeli na cilj.

SVETOPISEMSKE OMEMBE ABRAHAMA, KI IŠČE MESTO

Na naših bombnih misijah sem vedno nosil Novo zavezo v prsnem žepu. Morda sem se z Božjo besedo ob sebi počutil varnejšega. Ne glede na razlog je bila Sveta knjiga edino, kar smo imeli za branje med dnevi in nočmi, preživetimi za sovražnikovo črto. Ko pogledam nazaj, verjamem, da je vsak, ki je znal brati angleško, tudi v najtemnejših časih začutil, da je zanj poskrbljeno. O veri govori enajsto poglavje Pisma Hebrejcem – kako so preroki iz davnine napredovali po veri. Deveta vrstica govori o Abrahamu: »Po veri je prebival v obljubljeni deželi kakor v tujini...«, deseta vrstica: »Kajti pričakoval je mesto s trdnimi temelji, katerega graditelj in stvaritelj je Bog.« Še ena vrstica iz Evangelija po Janezu, tretje poglavje, šestnajsta vrstica, ki so me jo učili že od otroštva: »Kajti Bog je tako ljubil svet, da je dal svojega edinorojenega Sina, da bi se nihče, kdor vanj veruje, ne pogubil, temveč bi imel večno življenje.« Prebral sem Novo zavezo od platnice do platnice. Tudi drugi so jo brali.

Bolj ko smo se pomikali v notranjost Jugoslavije, manjša je bila nevarnost zajetja. Blizu kmetij v gorah smo poiskali skednje in si privoščili spanje v suhem zavetju namesto na vejah borovcev; to nam je vsaj malo pomagalo, da ponoči nismo zmrzovali na mrzlih in zasneženih tleh.

Nekega mrzlega jutra, ko sem ležal v senu in je ven molela le moja glava, sem zaslišal prihajati besnega kmeta. Nisem razumel niti besede njegovega jezika, a to ga ni ustavilo, da mi ne bi zelo jasno povedal svojega stališča. Imel je vile dvignjene v zrak, ko je prihajal skozi vrata skednja. Ker me je lahko videl skupaj z ostalimi, ne bi nič pomagalo, če bi se skril pod razrahljanim senom. Poleg tega je stal med mano in edinimi izhodnimi vrati. Do neke mere se je pomiril, nato pa je, kot domnevam, začel preklinjati tako glasno, da se je slišalo daleč naokoli. Nazadnje se je umaknil, mi pa smo hitro zapustili njegov skedenj.

Samo nekaj noči po dogodku z vilami in preklinjanjem se je zgodil še en dogodek, ki ga nikoli nisem pozabil. Ko smo prehodili večino noči in naleteli na hlev, ki se je zdel varen, smo v njem našli nekaj staj, kjer smo lahko za nekaj ur zaspali. Ravno sem se udobno namestil za visokim kupom sena med mano in vrati, ko sem zaslišal glas nekoga, ki je vstopil v mojo stajo. Govoril je slovensko. Nisem slišal nikogar, ki bi mu odgovarjal, in bal sem se premakniti ali celo dihati, iz strahu pred odkritjem. Ta moški je začel peti in še naprej govoriti. Poslušal sem in pes je zacvilil, nedvomno v odobravanju pesmi svojega gospodarja. Bil sem izčrpan in sem zaspal. Kaj se je zgodilo potem, bi lahko povedal le Slovenec. Verjetno sem zastokal, ko sem zaspal, in s tem pognal moškega in psa v nagel beg. Ko sem se zbudil, ni bilo nikjer ne moškega ne psa. Še danes se sprašujem, kaj je počel v gorah s svojim psom. Zakaj se je skrival? Morda si je želel le malo počitka v zgodnjih jutranjih urah pred zoro. V gorah so se dogajale čudne stvari; kdor je želel iz kakršnegakoli razloga izginiti, so bile Alpe pravi kraj za to.

4-4-4-5
Wed. 9:00 P.M.

Dear Jerry:

Recived your letter from Nashville. Also Gaye's card to Ken. Its cute. Have you heard any more about or from Bill?

Last Thursday I recived a War Department wire that Leo is a prisoner of war. I suppose I should be greatly relieved but after thinking he was safe at the base it was

Naše družine se tolažijo med seboj.

KUHANJE OBLAČIL ZA UNIČEVANJE TELESNIH UŠI

Prišlo je nekaj partizanov, da bi nas spremljali na naši poti. Ko smo šli skozi zaselek v gorah, smo na dvorišču ene izmed hiš opazili lepega belega psa na povodcu. Divje je lajal in slišalo se ga je kilometre daleč. Eden od partizanov je z močno puško nameril, ustrelil, in pes je padel mrtev. Ko smo hodili, nas je manj kot kilometer in pol naprej dohitela skupina jeznih moških, žensk in otrok. Zdelo se je, da si bolj želijo naših Američanov kot partizanov. Po dolgotrajnem pogovoru med domačini in partizani so nam dovolili, da nadaljujemo pot. Nisem vedel, kaj so govorili; vendar pa sem prepričan v eno stvar – skoraj so nas linčali, čeprav smo bili nedolžni. Spet so to majhne stvari, ki jih človek ne pozabi. Ti potrti ljudje so si želeli maščevanja, čeprav bi lahko glasno lajanje psa opozorilo sovražnika, da skozi kraj potujejo tujci.

Minilo je že nekaj časa – morda osem ali devet tednov – in prepotovali smo nekje med 160 in 240 kilometrov. Pred nami je bilo še nekaj poti, preden bi bilo dovolj varno, da bi letalo lahko pristalo na kakšni ravnini in nas pobralo. Prepričan sem, da je jugoslovanska ilegala takrat že vzdrževala stik z našim poveljstvom letalskih sil v Bariju v Italiji. Prehodili smo dolgo pot, a smo bili še daleč od varnosti. Nemci so še vedno zasedali mesta in ohranjali odprte svoje oskrbovalne poti za zaloge in strelivo. Ni bilo nenavadno slišati strele iz pušk, ko smo se približevali nemškim enotam.

Našli smo prazno hišo v gorah. Imela je peč s štedilnikom, ki smo jo lahko uporabili. To je bila prva hiša s takšno pečjo, v kateri smo bivali, odkar smo izskočili. Skoraj bi bila zame usodna. Našli smo tudi železni kotel za pranje perila. Prekuhali smo vodo, slekli vsa oblačila in jih potopili v vrelo vodo, da bi uničili telesne uši, ki jih nikoli nismo povsem odpravili. Ko smo se vrnili v hišo, kjer je v peči gorel ogenj, smo zaspali na tleh. Nismo imeli ničesar, na čemer bi lahko ležali ali s čimer bi se lahko pokrili. Drva v peči so pogorela kmalu po tem, ko smo zaspali. Zbudili smo se na ledeno mrzlih tleh. Potipal sem si glavo in začutil vročino. Strašljive misli so mi rojile po glavi, da sem za nečim zbolel in ne bom mogel nadaljevati poti z našo skupino. Spet je moral nekdo od zgoraj paziti name. Eden od partizanov je imel aspirin. Vzel sem aspirin, vročina je popustila in nadaljevali smo pot.

Povedali so nam, da bomo čez nekaj dni prispeli na kraj, kjer so letala pristajala na ravnem polju blizu reke. Do danes nisem povsem prepričan, kje se ta kraj nahaja; naj bi bil nekje jugozahodno od Zagreba v Jugoslaviji.

Približno teden dni pred prihodom na cilj so se nam pridružili pripadniki britanske odporniške organizacije, ki so nam pomagali kmalu po tem, ko smo izskočili. Angleškega majorja so ustrelili in ubili, ko je skupina bežala z iste gore, s katere smo pobegnili tudi mi, da bi se izognili zajetju ali smrti. Častnik in njegovi možje so bili za nami in so se prebijali proti istemu kraju kot mi. Prepričan sem, da so poveljstvu 15. letalske sile sproti poročali o našem begu pred Nemci. Imeli so radijski sprejemnik, s katerim jim je uspelo pobegniti.

Našo skupino sta dohitela tudi britanski častnik in ameriški tehnični narednik. Vzel je svoj zemljevid pristanišča skupaj s pismom za poveljstvo, da bi ju osebno dostavil. Tako zelo bi rad stopil v stik z njima, če bi le poznal njuni imeni. Ko zdaj pogledam nazaj, se zavedam, kako usodna bi lahko bila izmenjava imen in naslovov za nekatere ljudi, če bi Nemci prišli do teh podatkov.

Zdaj smo bili tako blizu doma, a hkrati tako daleč. Kmalu smo na težek način spoznali, da so nam Nemci še vedno za petami.

CHIEF WARRANT OFFICER JAMES A. BROOKS

6 April 1945.

Italy.

Dear Mrs. Malone:

I am in receipt of your letter of March 20th, with reference to your son, who is missing. As much as I would like to aid you by giving you some information, it is quite impossible.

The regulations on these matters are quite strict and any information must come through official channels. As you can see, information that I might give could and probably would be hearsay and would only lead to confusion. Unfortunately there is no way for my getting any information that would clear any questions in your mind.

Please forgive my lack of knowledge about your son. By our faith and trust in God we can hope and pray that he will urn home with all the other boys.

Sincerely

James A Brooks

Moji materi, Lottie Petty Malone

NEMŠKI BOMBNIK UNIČI PRISTAJALIŠČE ZA NAŠ ODHOD

Na cilj smo prispeli nekega popoldneva, ko so nemški bombniki napadali območje ob reki. Vedeli so, da so tam že pristajala letala. Spraševal sem se, ali so morda prestregli sporočilo odporniškega gibanja o prihodu naše skupine. Vsekakor so nam pripravili topel sprejem.

Partizani so to pričakovali, zato so z nekim materialom označili vzletno-pristajalno stezo na drugi strani reke, nasproti kraja, kjer so ob prejšnjih reševanjih pristajala letala. Sestreljene letalce, ranjene Slovence in druge so z letali prepeljali na varno. Nemci so odvrgli bombe, ki so povzročile razdejanje na napačni strani reke. Ugotovili smo, da bo za naša letala še nekaj časa preveč nevarno ponovno poskusiti izvesti takšno reševanje. Nemci bodo to območje zelo pozorno nadzorovali.

V mislih so se mi porajala vprašanja – ali se bodo vrnili in poskusili še eno reševanje? Pot je dolga, celo daljša kot takrat, ko smo se prvič podali proti Jadranskemu morju. Govorilo se je, da bi to lahko bil naš edini način pobega. Ali bi lahko prehodili še dodatnih 240 kilometrov? Če bi nam uspelo priti do morja, bi majhen čoln tvegal in prišel ponoči, da bi nas rešil?

Izvedeli smo, da naši ameriški letalci na tem mestu dobro oskrbujejo partizane z zalogami. Na to gorsko območje so s padali odvrgli spalne vreče in K-obroke hrane. Prvič po približno dveh mesecih smo jedli pravo hrano in spali v pravi postelji. Kot sestradani smo pojedli sir in konzervirano meso iz K-obrokov. Nasitili smo si želodce, ki že tedne niso bili polni, kar nam je hitro povzročilo drisko. Tako prijetno se je bilo uleči v spalno vrečo, dokler se ni spet pojavila bolečina. To, da sem moral odpirati spalno vrečo in hiteti v gozd, me je na koncu premagalo. Odločil sem se, da bom preostanek noči presedel. Hvala Bogu, da so imeli poleg K-obrokov tudi nekaj toaletnega papirja.

Na naše območje so prihajali še drugi letalci, ki jih prej nisem videl. Sem so pripeljali tudi ranjene partizane, da bi jih z letalom prepeljali na zdravljenje v južno Italijo. Tukaj so mi dali potni list. To je pomenilo, da so upali, da nas bodo lahko spravili iz Jugoslavije z letalom.

Natovarjanje ranjencev na letalo za polet iz območja
Fotografija Edija Šelhausa, hrani Muzej novejše zgodovine Slovenije

Na sedmi dan po prihodu smo prejeli dobro novico, da bosta v roku ene ure pristali dve ameriški letali, pobrali ranjene in druge ter skoraj takoj po pristanku ponovno vzleteli. Bil je čudovit prizor, ko sta ti letali spuščali pristajalno podvozje na zemljišču ob reki. Povedali so mi, da ju pilotirata južnoafriška pilota. Visoko na nebu smo lahko videli tri britanske lovce Spitfire, ki so spremljali in varovali letali. Nemška letala bi imela spopad v zraku, če bi jih poskušala bombardirati ali obstreljevati.

Ponovno si brez podobne izkušnje človek ne more predstavljati, kako hvaležen je lahko, ko ve, da je lahko v dveh urah ali manj spet na varnem v Bariju v Italiji, kjer je bilo poveljstvo naše 15. letalske sile.

Hiteli smo na letalo in pomahali partizanskim prijateljem, ki so ostali za nami. Preden smo vzleteli, smo imeli tresočo vožnjo. Ko se je letalo dvignilo v nebo, sem pogledal navzdol in videl zahtevno pot, ki smo jo pustili za seboj. Nato sem pogledal navzgor in se zahvalil Bogu za vse sodelujoče pri našem reševanju. Toliko ljudi je tako nesebično tvegalo svoja življenja, da so lahko drugi preživeli, se vrnili k svojim bombniškim skupinam, v bolnišnice in sčasoma domov k svojim najdražjim.

GLAVNI ŠTAB
NOV IN POS
Štev. 2804
Dne 27. marca 1945

Odhod
dne .... 45.
Potrjuje

Prihod
dne .... 45.
Potrjuje

DOVOLILNICA
ZA POTNIŠKI LETALSKI PROMET

Tovariš Petty John W. .... čin S/sgt.
vrši službo ponesrečeni ameriški letalec iz
okrožja .... potuje iz Slovenije v Italijo (preko)
po

Od orožja nosi
Imenovani se po prihodu v Italijo ima javiti
Dovolilnica velja do 30. aprila 1945. l.

Smrt fašizmu — svobodo narodu!

Lastnoročni podpis: Za Glavni Štab NOV in POS

Potni list za izstop iz Jugoslavije

ŠTAB IX. KORPUSA NOV IN POJ
Odsek za zveze
Tekoča štev. 1828

Na položaju, dne 13.IV.45.

PROPUSTNICA

Tov. S/sgt. Petty .... ima pravico potovanja
....
Propustnica velja do 6.V.45.
Vse vojaške in civilne ustanove se naprošajo, da nudijo zgoraj imenova=
nemu na potovanju vso potrebno pomoč.

Smrt fašizmu — svobodo narodu!

Načelnik štaba ppolkovnik: Šef odseka za zveze pporočnik:

Potni list do svobode

EDEN NAJSREČNEJŠIH DNI MOJEGA ŽIVLJENJA

Ko smo pristali v Bariju v Italiji, sem poljubil tla. Kako lepo je bilo spet biti na prijateljskem ozemlju. Najprej so nas odpeljali v stavbo z ogromno sobo za tuširanje. Vzeli so nam vsa oblačila in jih uničili. Po kopanju in preden so nam dali druga oblačila, so nas potresli z razkužilnim praškom, da bi uničili morebitne preostale uši. Vse to ni bilo preveč hudo. Vedel sem, da prihajajo boljše stvari.

Od tu so nas odpeljali na poveljstvo. Obveščevalni oddelek nas je zaslišal, začenši z izskokom iz letala do trenutka, ko so nas prepeljali izza sovražnih linij. Informacije, ki so jih dobili od vrnjenih letalcev, bi lahko pomagale pripraviti druge letalce za vrnitev domov.

Želel sem izvedeti, ali lahko obvestim svojo ženo in družino, da sem na varnem in nazaj na poveljstvu letalskih sil. Povedali so mi, da to ni dovoljeno. Sporočilo o naši vrnitvi bo moralo iti preko ustreznih kanalov do vojaškega ministrstva v Washingtonu. Slednje bo obvestilo najbližje sorodnike o naši varni vrnitvi na dolžnost. Vedel sem, da bo to trajalo več dni. Zelo sem si želel sporočiti družini, da sem živ, nepoškodovan in bom šel v vojaško bolnišnico na temeljit zdravniški pregled.

Nismo smeli takoj poklicati domov, ker bi s tem povzročili zmedo. Najbližji sorodniki bi prejeli telegram od vrnjenega letalca in se, ker ne bi bili povsem seznanjeni z okoliščinami sporočila, obrnili na vojno ministrstvo v Washingtonu. Vojno ministrstvo še ne bi prejelo sporočila o vrnitvi letalcev na dolžnost, saj bi zaradi birokracije trajalo več dni, da bi novico obdelali in posredovali po ustreznih kanalih letalskih sil. Svojce bi tako obvestili, da je mož ali sin še vedno »pogrešan v akciji«. To bi lahko povzročilo več zmede in bolečine, kot če družina sporočila ne bi prejela še nekaj dni. Priznati moram, prekršil sem vojaška pravila. Sočuten častnik iz komunikacijskega oddelka mi je povedal, da ne bom obtožen neupoštevanja ukazov, če želim poslati sporočilo po telegramu. To ni smelo biti osebno sporočilo; z določenimi besedami sem lahko sporočil le, da sem zdrav in na varnem.

Eno noč sem preživel v bolnišnici na bazi v Bariju v Italiji. Naslednji dan so me odpustili in vrnil sem se k 460. bombniški skupini v Spinazzoli v Italiji.

Želel sem izvedeti, ali so člani naše posadke, ki niso leteli z nami, še živi in opravljajo misije. Srečal sem se s Cooperjem, našim bombardirjem, ki je bil ranjen v obraz in roko zaradi eksplozije protiletalskega izstrelka. Prejel je srebrno zvezdo za hrabrost. Navigator v posadki, s katero je letel, je bil zelo hudo ranjen. Mort Cooper, pogumen mož, je prezrl lastne poškodbe in ranjenemu navigatorju zagotavljal kisik.

Duane Mascik, repni mitraljezec; Kelly Mitchell, mitraljezec v spodnji kupoli; Jay Wilson, mitraljezec v trupu, ki je bil prizemljen zaradi letalske slabosti, so bili vsi tam, da so nas pozdravili. Imeli smo čudovito snidenje in veliko smo si imeli za povedati. Jack Jarrett, strelec v trupu, je bil zaradi kolapsa pljučnega krila poslan nazaj v ZDA. Ob vrnitvi nisem videl Billa Hockensmitha, našega navigatorja. Informacija je bila, da je dobro in še vedno leti kot glavni navigator naše skupine.

Frank Trebusak, kopilot, ki je izskočil z nami, je prišel izza sovražnih linij veliko hitreje kot skupina, s katero sem prišel jaz. Frankovi predniki so prihajali iz slovenskega dela Jugoslavije in znal je govoriti njihov jezik. To je pomagalo njemu in repnemu strelcu Baumgardnerju priti do kraja, od koder so ju lahko veliko hitreje kot našo skupino odpeljali iz sovražnega ozemlja. Sgt. Baumgardner, zamenjava za Clintona K. Mitchella, je bil še vedno v bolnišnici zaradi virusne okužbe želodca, ki jo je staknil z uživanjem okužene hrane nekje za sovražnimi linijami. Povedali so mi da je že več tednov v bolnišnici. Od takrat nisem več prejel nobene novice o njem.

Ted Witkowski, naš radijski operater, je bil sprejet v bolnišnico, kjer je zaradi zmrznjenih in pozeblih stopal ostal več tednov. Ob vrnitvi v naš šotor za šest oseb na bazi sem občutil žalost. Odšli smo do kmetove slamnate kope in si nabrali dovolj slame za naše postelje. Ko sem pogledal na tisto ležišče, je prevleka, napolnjena s slamo, izgledala kot najdražja in najboljša vzmetnica, kar si jih lahko zamisliš. Še enkrat sem pogledal prazne pograde. Leo Lord, naš inženir, je bil odsoten kot vojni ujetnik; Ted Witkowski je bil v bolnišnici; Jack Jarrett se je vrnil v ZDA zaradi kolapsa pljučnega krila. Potem so se mi misli vrnile k izskoku in pilotu Jerryju Armstrongu, ki je ostal z letalom, se boril z upravljalnimi napravami in ga držal pokonci, dokler ni zadnji član posadke zapustil letala. Skoraj je čakal predolgo. Povedali so mi, da je bil tako blizu tal, da ga je ob odprtju padala zamajalo desno ali levo, pri povratnem zamahu pa je z glasnim udarcem zadel ob pobočje gore. Jerryja je rešila neka družina, vendar je bil svoboden le nekaj ur, preden so prišli Nemci in ga odpeljali.

Ko sem stal v šotoru na bazi ob praznih posteljah, sem se ponovno zahvalil Bogu, da smo vsi še živi. Nato je prišel kurir s sporočilom, da me polkovnik Price, naš poveljnik 460. bombniške skupine, pričakuje v štabu na večerji.

Pred odhodom iz šotora so mi prijatelji povedali, da so moje osebne stvari – slike moje žene in hčerke Janice Gaye ter vse, kar sem imel okoli postelje za občutek domačnosti – poslali v skladišče naše 761. eskadrilje. Tam so jih hranili šestdeset dni. Po šestdesetih dneh bi te predmete dali v škatlo z oznako »Pogrešan v akciji« in jih poslali moji ženi. Do takrat so bile moje stvari že poslane na poveljstvo 15. letalske sile. Oskrbovalni častnik je poslal po te predmete v osemdeset kilometrov oddaljen Bari, da jih bom lahko osebno prinesel domov.

Zelo sem cenil povabilo polkovnika Pricea. Nekaj časa smo obujali spomine na let 20. januarja v Linz v Avstriji. Ena izmed tem, o katerih smo govorili, je bilo nebo, ki je bilo črno od eksplozij granat protiletalskih topov. Še ena stvar, ki je nismo mogli pozabiti, je bilo izjemno mrzlo vreme. Kolikor se spomnim, mi je povedal, da se je več kot dvajset letalcev vrnilo z ozeblinami na rokah in nogah. Spomnim se tudi svojih rok, ki so bile tako mrzle, da sem imel več dni otekle členke.

Letel sem kot pomočnik inženirja, naziv pa sem pridobil zaradi dela kot mehanik na letalih v prvem letu služenja na letališču Cochran Field v Maconu v Georgiji. Prejel sem priznanje za hrabrost kot potrditev pogumnega služenja v zračnih bojih, ki mi ga je podelil generalmajor Nathan Twining, poveljnik 15. letalske sile. Podpisala sta ga tudi polkovnik John Price, poveljnik 460. bombniške skupine, in brigadni general Acheson, poveljnik 55. bombniškega krila.

Na bazi v Spinazzoli v Italiji sem preživel le nekaj dni. Tam sem bil povišan iz štabnega (staff) v tehničnega (tech) narednika in prvič prejel naziv inženirja.

V Neapelj v Italiji sem prispel 18. aprila 1945, kjer sem čakal na vojaški let nazaj v ZDA. Ko sem bil v Neaplju, je prišla novica, da je predsednik Franklin D. Roosevelt umrl. Šok ob njegovi smrti je bil zelo očiten, ne le med ameriškimi vojaki, temveč tudi med zavezniki. Veliko vprašanje se je zdelo: ali lahko kdo nadomesti predsednika Roosevelta kot naš voditelj?

Spomnil sem se še enega dogodka – solo nastopa, ki ga je pripravil Red Skelton. To je bil človek, ki je dal vse od sebe, da je razvedril može v tujini.

```
                        ** EXTRACT **
                                                        Section
Awards of Air Medal and/or Oak Leaf Cluster for the Air Medal......... 1

            761st Bombardment Squadron, 460th Bombardment Group (H)

SECTION 1    AWARDS OF THE AIR MEDAL AND/OR OAK LEAF CLUSTER FOR THE AIR MEDAL

        Under the provisions of AR 600-45, as amended, and pursuant to auth-
ority contained in Circular No. 89, MATOUSA, 30 July 1944, The Air Medal
and/or Oak Leaf Cluster for the Air Medal, in the categories as listed is
awarded the following named personnel Air Corps, Army of the United States,
residence as indicated, for meritorious achievement in aerial flight while
participating in sustained operational activities against the enemy between the
dates as indicated, and/or for meritorious achievement in aerial flight while
performing an act of merit as indicated.

                            AIR MEDAL

JOHN W. PETTY, 14153171, Sergeant, Carthedge, Tennessee.   17 September to
4 October 1944.

                    OAK LEAF CLUSTER (BRONZE)

        By command of Major General TWINING:
```

Pogrešan v akciji

WESTERN UNION

12.
Fitchburg, Mass. 12.1 PM 25

T.Sgt & Mrs Wm Petty
Carthage, Tenn

Received letter from Leo expect him home any day both well love.

Lucile.

WESTERN UNION

NL.Pd
Venice, Utah.16

Mrs. Wm Petty
Carthage, Tenn.

Ballard is to start home soon he said Bill might beat him home. Are you as excited as I am. Will try and write to nite.

Lotus.

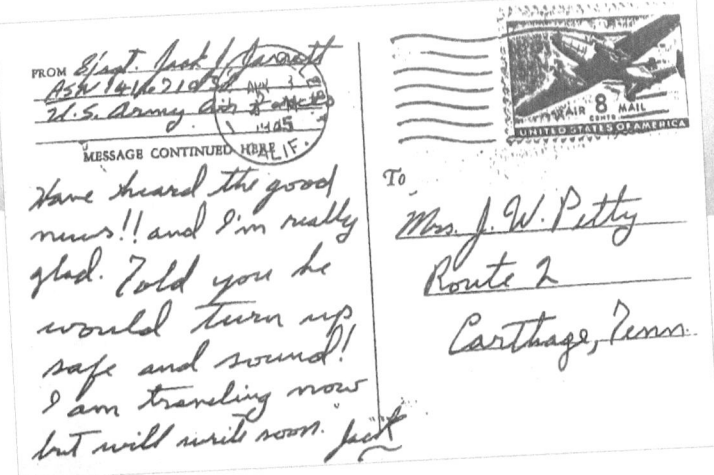

Vrnitev domov

KONČNO DOMA

18. aprila 1945 sem zapustil Neapelj in prispel v Casablanco v Afriki, kjer sem preživel štiri dni, preden sem se s transportnim letalom C-54 odpravil domov. Prvi postanek so bili Azori, nato Bermudi, od tam pa sem 23. aprila 1945 ob 14.30 prispel v Miami. Tam sem dobil 60-dnevni dopust, da sem lahko šel domov k svojim najdražjim.

Bil sem vesel, da sem doma z Geraldine, Gaye in mojimi prijatelji, a sem bil še vedno nekoliko nemiren. Postavili so mi veliko vprašanj o mojih izkušnjah za sovražnikovimi linijami, vendar sem podpisal dokument o molčečnosti. V njem je pisalo:

> Ne bom razkril nobenih informacij o svojem pobegu ali izogibanju zajetju, o ljudeh, ki so mi pomagali, o načinu in poti pobega ter drugih dejstvih, povezanih z mojimi izkušnjami za sovražnikovimi linijami. Razkritje informacij komurkoli, razen častniku, ki ga določi poveljnik operativnega območja, me izpostavlja disciplinskim ukrepom.

Če bi te informacije razkril nepooblaščeni osebi, bi bil podvržen disciplinskim ukrepom z visoko kaznijo. O svojih izkušnjah nisem smel poročati v knjigah, časopisih, revijah, radijskih oddajah ali na predavanjih. Razkritje informacij o pobegu bi ogrozilo življenja tistih, ki so pomagali, ter zmanjšalo možnosti, da bi se drugi uspeli rešiti ali izogniti zajetju.

Po šestdesetih dneh doma sem se ponovno javil poveljstvu zračnih sil v Miamiju na Floridi, kjer so mi dodelili enak status kot nekdanjemu vojnemu ujetniku. Dovolili so mi, da pripeljem Geraldine na Miami Beach za dva tedna sprostitve in zabave, preden so me ponovno razporedili na dolžnost.

Ko sem zapustil Miami, sem se javil v Fort McPherson v Atlanti v Georgiji, kjer so me seznanili s »točkovnim sistemom«, ki je temeljil na času preživetem v oboroženih silah, času v bojih v tujini in drugih dejavnikih. Ugotovil sem, da sem zbral dovolj točk za odpust in vrnitev v civilno življenje, če bi se tako odločil.

Če pa bi se odločil ostati v letalskih silah, bi me lahko dodelili na letalsko bazo po moji izbiri in mi dali možnost, da se prijavim na usposabljanje za častnika. To so mi ponudili kot zahvalo za čas, preživet za sovražnikovimi linijami. Izrazil sem hvaležnost in zaprosil za razrešitev dolžnosti ter vrnitev domov. Nekaj dni kasneje sem prejel častni odpust, da sem se lahko vrnil k družini v Carthage v Tennesseeju.

Tako lepo je bilo biti spet doma. Še enkrat sem spoznal, kako je Bog uslišal ne le moje molitve, temveč tudi molitve mojih bližnjih. Moral sem se ozreti le malo v preteklost, in spoznal sem, da se mnogi ne bodo vrnili: letala, ki sem jih videl eksplodirati v ognjeni krogli zaradi neposrednih zadetkov, ter druga poškodovana letala, ki so izgubila nadzor, preden je posadka uspela izskočiti. To je bila cena, ki so jo mnogi plačali. Naj ne pozabimo, da je to cena, ki je bila plačana za tvojo in mojo svobodo. Mi smo tisti, ki smo imeli srečo. Mnogi izmed »pogrešanih v akciji« se niso mogli vrniti tako kot jaz.

Odkar je bila ustanovljena naša država, so moški, ženske in otroci trpeli, mnogi pa so dali svoja življenja v boju, da bi ti in jaz lahko uživala in cenila »deželo svobodnih« – eno državo, pod Bogom, s svobodo in pravičnostjo za vse.

Naj jo Bog vedno ohranja takšno.

ENLISTED RECORD AND REPORT OF SEPARATION
HONORABLE DISCHARGE

1. LAST NAME - FIRST NAME - MIDDLE INITIAL	2. ARMY SERIAL NO.	3. GRADE	4. ARM OR SERVICE	5. COMPONENT
Petty John W	14 153 171	T Sgt	AC	AUS
6. ORGANIZATION	7. DATE OF SEPARATION	8. PLACE OF SEPARATION		
1020th Army Air Forces Base Unit	21 Jul 45	Separation Center Fort McPherson Ga		

9. PERMANENT ADDRESS FOR MAILING PURPOSES	10. DATE OF BIRTH	11. PLACE OF BIRTH
Rt 2 Carthage Tenn	22 Mar 18	Carthage Tenn

12. ADDRESS FROM WHICH EMPLOYMENT WILL BE SOUGHT	13. COLOR EYES	14. COLOR HAIR	15. HEIGHT	16. WEIGHT	17. NO. DEPEND.
See 9	Brown	Brown	5'11"	149 lbs.	2

18. RACE	19. MARITAL STATUS	20. U.S. CITIZEN	21. CIVILIAN OCCUPATION AND NO.
WHITE X	SINGLE MARRIED X OTHER	YES NO	Manager Retail Store 0-72.91

MILITARY HISTORY

22. DATE OF INDUCTION	23. DATE OF ENLISTMENT	24. DATE OF ENTRY INTO ACTIVE SERVICE	25. PLACE OF ENTRY INTO SERVICE
	11 Nov 42	11 Nov 42	Nashville Tenn

SELECTIVE SERVICE DATA	26. REGISTERED YES NO X	27. LOCAL S.S. BOARD NO.	28. COUNTY AND STATE Not Available	29. HOME ADDRESS AT TIME OF ENTRY INTO SERVICE See 9

30. MILITARY OCCUPATIONAL SPECIALTY AND NO.	31. MILITARY QUALIFICATION AND DATE (i.e., infantry, aviation and marksmanship badges, etc.)
Aerial Engineer-Gunner 748	MM Pistol Aviation Badge

32. BATTLES AND CAMPAIGNS
Rhineland Central Europe
Rome-Arno Northern Apennines Po Valley Air Combat Balkans Southern France

33. DECORATIONS AND CITATIONS
Air Medal with 1 Oak Leaf Cluster Good Conduct Medal
European African Middle Eastern Theater Ribbon with 7 Bronze Stars

34. WOUNDS RECEIVED IN ACTION
None

35. LATEST IMMUNIZATION DATES				36. SERVICE OUTSIDE CONTINENTAL U.S. AND RETURN		
SMALLPOX	TYPHOID	TETANUS	OTHER (specify)	DATE OF DEPARTURE	DESTINATION	DATE OF ARRIVAL
28 May 44	16 Sep 44	3 Feb 44		11 Aug 44	European Theater	22 Aug 44

37. TOTAL LENGTH OF SERVICE				38. HIGHEST GRADE HELD			
CONTINENTAL SERVICE		FOREIGN SERVICE					
YEARS	MONTHS	DAYS	YEARS	MONTHS	DAYS		
1	11	29	0	8	12	T Sgt	
						18 Apr 45	United States 23 Apr 45

39. PRIOR SERVICE
None

40. REASON AND AUTHORITY FOR SEPARATION
Convenience of the Government RR1-1 (Demobilization) AR 615-365 15 Dec 44

41. SERVICE SCHOOLS ATTENDED	42. EDUCATION (Years)
AAF Flexible Gunnery 6 Weeks 1944 Grad	Grammar 8 High School 0 College 0

PAY DATA

43. LONGEVITY FOR PAY PURPOSES			44. MUSTERING OUT PAY		45. SOLDIER DEPOSITS	46. TRAVEL PAY	47. TOTAL AMOUNT, NAME OF DISBURSING OFFICER
YEARS	MONTHS	DAYS	TOTAL	THIS PAYMENT			
2	8	11	$300	$100		14.40	187.10 JACK GOLDSMITH Capt FD

INSURANCE NOTICE

IMPORTANT IF PREMIUM IS NOT PAID WHEN DUE OR WITHIN THIRTY-ONE DAYS THEREAFTER, INSURANCE WILL LAPSE. MAKE CHECKS OR MONEY ORDERS PAYABLE TO THE TREASURER OF THE U.S. AND FORWARD TO COLLECTIONS SUBDIVISION, VETERANS ADMINISTRATION, WASHINGTON 25, D.C.

48. KIND OF INSURANCE	49. HOW PAID	50. Effective Date of Allotment Discontinuance	51. Date of Next Premium Due (One month after 50)	52. PREMIUM DUE EACH MONTH	53. INTENTION OF VETERAN TO
Nat. Serv. X U.S. Govt. None	Allotment X Direct to V.A.	30 Jun 45	31 Jul 45	6 70	Continue X Continue Only Discontinue

55. REMARKS (This space for completion of above items or entry of other items specified in W.D. Directives)
Lapel Button Issued

56. SIGNATURE OF PERSON BEING SEPARATED
John W. Petty

Asst PERSONNEL OFFICER (Type name, grade and organization - signature)
DAVID GOLDBERG
1st Lt AUS
David Goldberg

WD AGO Form 53-55
1 November 1944

Zapis in poročilo o razrešitvi

Moj odpustni list

VRNITEV

Moje veselje ob odhodu iz Jugoslavije je bilo tako veliko, da dolgo časa nisem resno razmišljal o vrnitvi. Vendar so se občutki hvaležnosti skozi leta stopnjevali, dokler nisem začutil potrebe, da se osebno zahvalim pogumnim partizanom, ki so nam z velikim tveganjem pomagali.

Leta 1969 sva z Geraldine obiskala Kobarid in našla gospo Amalijo Faletič, žensko, ki je mene in dva druga člana posadke skrila pred Nemci, potem ko smo izskočili. Takrat je bila stara 88 let in se je zelo dobro spominjala, kako nam je ponudila zatočišče. Podarila sva ji darilo in ji kasneje po pošti poslala še nekaj stvari, a je vedno rekla: »To, kar sem storila, nisem storila zato, da bi mi bilo povrnjeno. To sem storila s sočutjem in dobroto v srcu.« To gospo bi najverjetneje ubili, če bi nas pri njej našli Nemci.

Tega potovanja nikoli ne bova pozabila. Po naporni poti, ki je vključevala prečkanje jugoslovanske meje, smo se po ozki in nevarni cesti odpravili do točke blizu doma Faletičevih. Stvari so bile presenetljivo enake, kot sem jih imel v spominu. Hlev, kjer sem spal z obema prijateljema, je ostal nespremenjen. Nekdo je pripeljal gospo Faletič na dvorišče pred njeno hišo. Dolgo in tiho me je gledala. Poskušal sem ji povedati, kdo sem. Voznik taksija, ki naju je pripeljal tja, je skušal pomagati pri sporazumevanju. Končno je razumela in me objela, spomnila se je časa pred leti, ko nas je sprejela v svoj dom. Snidenje je bilo polno čustev.

Po najini vrnitvi leta 1969 sva začela načrtovati ponovni obisk Kobarida. Tako sva se 14. avgusta 1976 z Geraldine odpravila v Jugoslavijo obiskat prijatelje, ki sva jih obiskala že leta 1969.

Pogrešan v akciji

Po 24 letih sem se ponovno srečal z gospo Faletič. Pri 88 letih je bila še vedno zelo dejavna.

Tokrat sta se nama pridružila še pilot našega bombnika B-24, Gerald Armstrong, in njegova žena Jenny.

Gospoda Edija Šelhausa, urednika časopisa v Ljubljani v Jugoslaviji, sem obvestil o načrtovanem obisku njihovega mesta ter izrazil željo, da se vrnemo v vas Kobarid in obiščemo prijatelje, ki so nam med drugo svetovno vojno tako zelo pomagali. Kobarid je približno 160 kilometrov oddaljen od Ljubljane in leži blizu italijanske, jugoslovanske in avstrijske meje v Alpah. Pred vojno je bilo mesto znano kot Caporetto.

23. avgusta smo se skupaj z Edijem Šelhausom odpravili iz Ljubljane v Kobarid. Ko smo prispeli, so nas Jugoslovani sprejeli kot kralje. Veliko truda so vložili, da so vzpostavili stik z ljudmi, ki so nam pomagali, in jih obvestili o našem prihodu.

Vsi so nas sprejeli z odprtimi rokami. Zbrali so podatke o našem izskoku, gospod Šelhaus pa je o tem napisal knjigo. Vse to je seveda zelo pritegnilo naše zanimanje.

Gospod Šelhaus in partizani so organizirali naše potovanje. Iz hotela Lev v Ljubljani smo odšli zelo zgodaj zjutraj in se pozno ponoči vrnili, a smo v enem dnevu dosegli veliko.

Ena izmed oseb, ki sem jih najbolj želel videti, je bila gospa Faletič, ki sva jo obiskala leta 1969. Prišli smo prepozno. Umrla je

S snaho gospe Faletič pred skednjem, kamor smo se zatekli

Planika, čudovita cvetlica Alp

leto prej, stara 95 let. Njen sin in snaha sta še vedno živela v hiši, kjer smo bivali pri njej. Hiša in hlev, kjer smo spali s kravami, se nista veliko spremenila.

Želel sem obiskati tudi dva partizana, s katerima smo stopili v stik kmalu po izskoku iz letala. Ta moža sta bila odgovor na iskreno molitev, ki smo jo molili – da bi nas Bog vodil v pravo smer. Vsaka druga pot bi nas pripeljala v nemške roke in bili bi zajeti. Povzpeli smo se na vrh zasnežene gore, kjer sta nas ta dva moža sprejela in usmerila na pravo pot. Vedno jima bomo hvaležni. To sta bila Bogomil Hvala in Janko Kranjc.

Najprej smo obiskali družino Bogomila Hvale v Tolminu. Z Bogomilom sva obujala spomine na stare čase. Družina nas je prijazno sprejela, postregli so nam piškote in kavo. Imeli so sina v zadnjem letniku fakultete in hčer, ki je fakulteto že končala in poučevala v eni od ljubljanskih šol. Spremljala nas je preostanek poti. Zelo dobro je govorila angleško in nam je bila v veliko pomoč.

Ko smo bili v Tolminu, smo se odpravili v glavni del mesta in se srečali z več partizani. Predstavili so nas predsedniku in tajniku partizanov. Ti možje so nas toplo sprejeli. Spoznali smo tudi Darka Ohojaka, ki je rešil kopilota. Šel je z nami v Kobarid.

Ko smo prispeli v Kobarid, kjer smo izskočili, nas je pričakalo veliko ljudi. Medtem ko sta pilot Gerald Armstrong in njegova žena obiskala zapor, kjer je bil zaprt, sva z Geraldine obiskala Janka Kranjca in njegovo družino. Ivan (Janko) in njegova družina so delali na svojem polju ob vznožju čudovite gore.

Za vedno bom hvaležen tema dvema možema, Janku in Bogomilu, ker sta nam pomagala priti iz območja, kjer je strmoglavilo letalo.

Darko Ohojak, ki je rešil kopilota pred Nemci, mi je skupaj s sinom dal kos vrvice z mojega padala. Njegova žena jo je hranila vsa ta leta.

Toliko bi rad povedal o teh prijaznih ljudeh, ki so nas tako lepo sprejeli. Partizani so nam priskrbeli avto in voznika ter nam postregli z okusnim obrokom. Naš voznik je bil Dušan Mencin, mlad jugoslovanski odvetnik, ki je govoril angleško. Gospod

Šelhaus je imel novinarja, gospoda Ogareva, ki je bil z nami ves dan. Napisal je celo stran o našem obisku, ki je izšla v jugoslovanskem časopisu. Gospod Šelhaus je skoraj vso noč razvijal fotografije, da smo jih lahko vzeli s seboj domov. Že zgodaj naslednje jutro je imel fotografije v hotelu.

To so nekateri ljudje, s katerimi sem bil med 72 dnevi za sovražnikovimi linijami. Ponoči so z nami prehodili približno 320 kilometrov skozi gore, da bi nas lahko odpeljali iz sovražnega ozemlja.

Ni besed, s katerimi bi izrazil globino svoje hvaležnosti in spoštovanja.

Ogled gore, kjer so nas rešili pred 31 leti

Ponovno srečanje z Jankom

Geraldine in Bill s snaho gospe Faletič

Ponovno srečanje z Bogomilom Hvalo in hčerko Nevenko
Fotografija Edija Šelhausa, hrani Muzej novejše zgodovine Slovenije

Naš voznik, Dušan Mencin, in Geraldine

Jerry Armstrong in Bill si ogledujeta krilo njihovega strmoglavljenega letala. Zdaj ga uporabljajo kot vrata skednja. Majhen del krila je bil dodan v zbirko Muzeja zračnih sil ZDA v Daytonu, Ohio.

Ponovno srečanje z Bogomilom Hvalo

Geraldine, Nevenka in Bogomil Hvala z novinarjem Andrejem Pagonom Ogarevom

Prijatelji iz Kobarida so nas prišli pozdravit.

DODATEK

Bog je dober – in Njegova dobrota se je skozi leta pokazala na nešteto načinov. Kot je bilo že omenjeno, Geraldine nikoli ni izgubila upanja, da se bom vrnil. Njena vera je bila tako močna, da mi je vsak dan napisala pismo, čeprav je vedela, da ga ne bo mogoče dostaviti. Njena vera je postala resničnost, ko sem se lahko vrnil k njej in najini hčerki.

Bog je blagoslovil našo družino, za kar sva z Geraldine hvaležna. Poleg najine prve hčerke Gaye se je kmalu po vojni rodila še ena hči, Joye. Gaye ima enega sina, Tonyja Hawksa, diplomanta Univerze Tennessee z diplomo iz gradbeništva. Živi v Atlanti. Njena hči Penny, diplomantka Univerze Northern Michigan, ima diplomo iz računalništva in računovodstva. Gaye je nadzornica v mestnih šolah v Lebanonu v Tennesseeju. Penny je poročena z Randyjem Maberryjem, pilotom pri American Airlines. Randy in Penny imata dva otroka, Brandona in Alicio.

Joye ima dve hčerki, Michelle Key, diplomantko Univerze v Richmondu. Je tehnična piska in zaključuje magistrski študij na Univerzi Vanderbilt. Rebecca, najmlajša hči, obiskuje zadnji letnik srednje šole Germantown. Je odlična učenka in članica nogometne ekipe. Joye je izučena medicinska sestra in upravnica programa za ledvične bolezni v Univerzitetnem zdravniškem skladu v Memphisu. Živi v Germantownu v Tennesseeju.

Ta del utegne biti zanimiv tudi vam kot bralcem, vendar je v prvi vrsti namenjen moji družini, ki me je spodbujala, naj napišem to knjigo za prihodnje rodove.

Bill in Geraldine Petty

Pogrešan v akciji

> Wednesday – Feb. 7, 1945
>
> Honey, I hadn't heard from you in over a week until this morning – Rec. the letter written the 19th. A letter from Mrs. Witkowski came saying Jed was missing, so naturally I was all torn up about you but everyone had consoled me that you were all right when Jake & Anne came with the telegram, saying you had been missing since Jan. 20, in Italy. Needless to say how I felt, for you know how much I love you. Little Faye knew something was wrong & they could hardly quite her. I had been worried about you but kept praying you were all right. Myrtle, Mrs. Hallie, Ila & Clara Lee were here & then Jake & Anne came with the message. Bro. Beaver came in just a few minutes, he prayed such a pretty prayer & Honey, so many are praying & too, God has never failed you & me & I can't believe he will this time. He gave me strength to hold up & I just feel you are somewhere praying for me too. Mable & Ernest came, also Mary, Ona Dale, Lorene & Charles,

Pisma napisana – nikoli poslana – brez poštne dostave za sovražnikovo črto

Gladys & Katherine Anne, Mrs. Hunter, Bitsy, Sissie, that nice, Elsie, Shack & kids, Mattie & Parland, & Bitsy & Jeff, Henry, & Eula

Thursday - Jan. 8, 1945.
went to Mrs. Hattie's & called Mrs. Wilkinson, Ginger had gotten her telegram Sunday. I can't remember who all came that day as to-day is Saturday that I'm writing this, some were: Mrs. Fisher & Fay, Mrs. Bessie Bibbs, Anne, Cousin Minnie Thompson I just can't remember who else.

Friday - Feb. 9, 1945
That morning Mrs. Frances Bibbs came, Mrs. Barrett, Anne, Mary. After dinner, Rebecca came, Ruth McKinney, Gordon, & Anne. The first nite Eula slept in the room with us but for the last two nites no one has. We are carrying on as usual, you wouldn't believe it was me, just by God's help & your prayers & everyone else's, my strength is lasting. I've been praying for God to give me faith enough to never doubt a minute but what you are all right & I've felt so much better about you that I believe He is giving it to me.

Pisma, pisana vsak dan 72 dni – brez poštnega predala, kamor bi jih lahko poslali

Hči Gaye Petty Hawks

Vnukinja Penny z možem Randyjem Maberryjem, Brandonom in Alicio

Vnuk Tony Hawks

Hči Joye Petty Key

Vnukinji Rebecca in Michelle Key

Posebna zahvala

Iskreno se zahvaljujemo Katji Ručna Pignatari za skrben in natančen prevod v slovenščino ter za to, da nam je predstavila svojega dedka, Cirila Ručno. Pri štirinajstih letih je videl, kako so Petty in njegova posadka izskočili iz letala, in ko ga je zasliševala domobranska straža, je pogumno ohranil skrivnost.

Počivaj v miru, Ciril Ručna (1931–2025)

– Družina Billa Pettyja

www.ingramcontent.com/pod-product-compliance
Lightning Source LLC
Chambersburg PA
CBHW030336010526
44119CB00047B/521